Hüttenwirte erzählen

aufgeschrieben von
Klaus Schlösser

sl-Verlag Sulzberg/Allgäu

Titelbild: Kaspar Schwarz, langjähriger Hüttenwirt auf dem Waltenberger-Haus und auf der Fiderepaß-Hütte
Texte: Klaus Schlösser
Fotos: Klaus Schlösser, W. Bernegger
Wir danken den Hüttenwirten für ihre Mitarbeit

Druck: AZ Druck und Datentechnik, Kempten/Allgäu

Klaus Schlösser

Hüttenwirte – Tausendsassas

Hüttenwirt zu sein, ist mehr als irgendein Beruf, mehr als irgendeine Beschäftigung. Auf den ersten Blick mag dies angezweifelt werden. Denn immerhin sind die großen Schutzhütten nur den kurzen Sommer über geöffnet. Vier Monate Arbeit und acht Monate im Jahr Urlaub – eine solche Rechnung geht an den Realitäten weit vorbei.

Wenn Sie in diesem Buch Episoden und Anekdoten lesen und dabei schmunzeln, so ist das durchaus gewollt. Allerdings darf dies nicht darüber hinwegtäuschen, dass zur Hochsaison auf den Hütten nur wenig Zeit bleibt für Späße und Streiche. Ein Hüttenwirt im Allgäu, der Anfang Juni hinaufzieht ins Gebirge und Anfang Oktober seine Türen winterfest verschließt, arbeitet in diesen vier Monaten so viel wie andere im Tal das ganze Jahr über verteilt. Er kennt nämlich keinen Acht-Stunden-Tag, geschweige denn eine Fünf-Tage-Woche.

Wenn morgens um sechs oder sieben Uhr die ersten Bergsteiger zum Aufbruch drängen, muss das Teewasser längst heiß sein. Spätestens um acht Uhr sind alle Gäste auf den Beinen. Auf den großen Schutzütten drängen mitunter über 300 Menschen gleichzeitig zum Frühstück. Der Arbeitstag, der meistens kurz nach fünf Uhr beginnt, ist längst nicht zu Ende, wenn um 22 Uhr die vom Alpenverein verordnete Hüttenruhe beginnt, die den bergsteigenden Frühaufstehern ausreichend Schlaf gewährleisten soll. Wirte und Personal nämlich sind bis dahin so angespannt, dass erst jetzt Zeit bleibt, miteinander zu reden, langsam abzuschalten. Wenn nicht gerade schlechtes Wetter die Gäste fernhält, sind Hüttenwirte 14 oder 16, manchmal gar 18 Stunden auf den Beinen – und das jeden Tag. Daran sollte man denken, ehe man die Bewirtung auf einer Alpenvereinshütte als „Quartal-Gastronomie“ abtut.

Dabei sind Hüttenwirte alles andere als „nur“ Gastronomen, auch wenn sie zum Beispiel mit der Rappensee-Hütte mehr Übernachtungen verzeichnen als jedes Hotel in Oberstdorf. Weil die Eigentümerin einer Schutzhütte irgendeine

Alpenvereins-Sektion weit unten im Flachland ist, sind Hüttenpächter auch Hausmeister, Handwerker, Instandhalter und Bauherrn, wenn gerade das Dach neu gedeckt oder eine Kläranlage errichtet wird.

Dabei gilt es zu bedenken, dass die Hütten weitab jeder Zivilisation liegen. Wenn einem Küchenchef in Kempten zum Beispiel der Salat ausgeht, schickt er den Lehrling um die Ecke in den nächsten Supermarkt. Die Versorgung eines Schutzhauses im Gebirge erfordert Planung, „Logistik“, wie es neudeutsch heißt.

Ratgeber und Helfer

Unschätzbare Dienste leistet der Hüttenwirt den Bergsteigern, den Wanderern und Kletterern, wenn er seine alpine Erfahrung in Ratschlägen weitergibt. Die Warnung vor einem Wettersturz kann lebensrettend sein. Der Hinweis auf Gefahrenstellen wie Altschneefelder oder den Zeitaufwand für eine geplante Tour bewahren die Gäste vor unliebsamen Überraschungen. Darüber hinaus sind Hüttenwirte oft als erste zur Stelle, wenn im Gebirge Verunglückte Hilfe brauchen. Oft genug schnüren sie auch nachts ihre Bergstiefel, um Verletzte zu bergen oder Verirrte zu suchen. Jede Woche verbringen sie Stunden über Stunden am Funkgerät oder am Telefon, um das

Schicksal von „Vermißten“ zu klären, die dann eine Nacht länger auf einer Hütte geblieben sind, ohne die Angehörigen im Tal darüber zu informieren.

Die Alpenvereins-Sektionen, die am Allgäuer Hauptkamm Hütten besitzen, haben seit vielen Jahren das große Glück, solche Tausendsassas gefunden zu haben, die nebenzu auch noch gut kochen und mit ihren Gästen eine liebenswürdige Kameradschaft pflegen.

Als Urtyp eines Hüttenwirtes schlechthin galt über Jahre, ja Jahrzehnte hinweg Franz Kaufmann, der von 1908 bis 1966 die Rappensee-Hütte bei Oberstdorf bewirtschaftete. Seit Ende der 30er Jahre folgten seine beiden Töchter Pepi und Fanny den Fußstapfen des Vaters. Erst 1988 beendeten Fanny und ihr Mann Heinrich Geißler sowie die Oberstdorfer „Bodenstation“ Pepi Kaufmann die 80-jährige Familientradition, die in den Alpen wohl ohnegleichen ist. Die Geschichten aus dieser Zeit sind deshalb auch Geschichte, alpine Geschichte nämlich und ein Dokument bewegter Jahre in den Allgäuer Alpen.

Daniel Schwegler

Daniel Schwegler wurde am 24. August 1970 als Spross einer traditionsreichen Hüttenwirtsfamilie geboren. Bereits Großvater Max Schwegler hatte 1933 die 350 Jahre alte Linkersalpe oberhalb des Oberstdorfer Ortsteils Einödsbach vom Hause Wittelsbach übernommen. Zweimal wurde die Hütte von Lawinen zerstört, ehe Vater Adolf Schwegler Ende der 70er Jahre unweit entfernt, am Weg zur Rappensee-Hütte, auf 1790 Meter Höhe die Enzian-Hütte errichtete.

1994 übernahm Daniel Schwegler den elterlichen Betrieb. Zuvor hatte er zwei Berufe erlernt, nämlich Koch sowie Masseur und medizinischer Bademeister. Ebenfalls 1994 heiratete er seine Frau Ines und ist inzwischen stolzer Vater von Philipp und Tobias.

Da die Enzian-Hütte Privatbesitz ist, geht die Familie Schwegler einen Weg, der innerhalb des Alpenvereins verpönt wäre. Die Gaststube bietet zwar die urige Gemütlichkeit einer Berghütte, die Zimmer jedoch sind mit Hotel-Komfort ausgestattet. „Wenn im Juni oder Juli Schnee fällt, was bei uns nicht so selten ist, gehen die Feriengäste in Oberstdorf in die

Sauna. Warum sollten sie das nicht auch bei uns auf der Hütte tun können?“, fragte sich Daniel Schwegler und gestaltete einen 80 Quadratmeter großen Bereich als Sauna um. Seitdem kann er alle seine drei Berufe ausüben, den als Hüttenwirt, als Koch sowie als Masseur und Bademeister.

Daniel Schwegler, Hüttenwirt, Koch, Masseur, Bademeister und Familienvater

Enzian-Hütte (1790 m)

Die Enzian-Hütte ist als große Schutzhütte in den Allgäuer Alpen die einzige in Privatbesitz. Seit 1933 wird sie von der Familie Schwegler bewirtschaftet, die damals eine benachbarte Viehalpe vom Hause Wittelsbach erwarb und nach Zerstörung durch einen Lawinenabgang die Hütte Ende der 70er Jahre neu erbaute.

Seit 1994 betreibt Daniel Schwegler in der dritten Generation die Enzian-Hütte, die im Laufe der Jahre ständig ausgebaut und modernisiert wurde. Die Zimmer sind mit Komfort ausgestattet, die uralte Wirtsstube früherer Zeiten ist jedoch erhalten. Daniel Schwegler, der außer Koch auch Masseur und medizinischer Bademeister gelernt hat, gestaltete einen 80 Quadratmeter großen Teil der Hütte zu einer Sauna um. Als Privatbesitzer muss er sich nicht die strengen Maßstäbe des Alpenvereins auferlegen.

Zu erreichen ist die Enzian-Hütte über den Oberstdorfer Ortsteil Einödsbach. Die Hütte liegt ungefähr auf halbem Weg zwischen Einödsbach und der Rappenseehütte. Das Weidegebiet um die Enzian-Hütte wird im Sommer von Hunderten von Schafen abgegrast.

Enzianhütte oberhalb von Einödsbach

Daniel Schwegler

Busen beschützt Belgierin

Mein Großvater Max Schwegler übernahm 1933 die damals schon 350 Jahre alte Linkersalpe vom Hause der Wittelsbacher. Die Bewirtschaftung der Berghütte ist längst Familientradition. Nachdem die alte Alpe immer wieder von Lawinen erdrückt und zerstört worden war, errichtete mein Vater Adolf Schwegler die heutige Enzian-Hütte Ende der 70er Jahre neu direkt am Wegrand.

In diesen Jahrzehnten des Hüttenlebens haben auch Anekdoten bei uns Tradition. So lieferte mein Vater schon mehrfach Stoff für Zeitungsberichte, weil er halt gerne ein bisschen größer baute als erlaubt war. Als ich selbst noch ein Bub war, kam gelegentlich der Hubschrauber mit Honoratioren zu uns hochgeflogen, um Bauarbeiten zu kontrollieren oder einzustellen. Ich kann mich noch gut an die Schlagzeile erinnern, als der Bürgermeister in Begleitung seiner Fachleute mit dem Heli angeflogen kam und sich davon überzeugte, dass mein Vater um 1,5 Meter zu groß gebaut hatte. Auf die Vorhaltungen der Baubehörde hin rechtfertigte sich mein Vater mit dem berühmten Satz: „Ich hatte noch Zement übrig, und den wollte ich nicht kaputt gehen lassen.“ Aus seiner Sicht war das damals durchaus verständlich, wenn man weiß, wieviel es kostet, einen Sack Zement bis auf rund 1800 Meter Seehöhe zu transportieren. Auch die Gemeinde Oberstdorf zeigte schließlich Verständnis, denn abgerissen werden musste der „Schwarzbau“ nicht.

In der damaligen Zeit kam aber nicht nur die Bauaufsicht mit dem Hubschrauber angereist, sondern einmal auch die Polizei. Die Beamten behandelten meinen Vater wie einen Schwerverbrecher und wollten ihn festnehmen. Dabei war alles ganz harmlos.

Aus den Zeiten reger Bautätigkeit lagerte auf dem Dachboden der Hütte noch Dynamit. In diesem felsigen Bereich ist nämlich Handarbeit müßig, und ein Bagger nur mit größtem Aufwand herbeizuschaffen. Nun war der Vorrat an Sprengstoff allerdings größer als der Bedarf für die Bauarbeiten. „Nix verkommen lassen“, dachte sich mein Vater und bewahrte die übrigen Patronenhülsen eben auf dem Dachboden auf. Gelegentlich benutzte er eine dieser Patronen zum Anzünden des Ofens. Das klingt zwar dick aufgetragen, ist es aber nicht. Denn Dynamit explodiert nur mit Zündpatronen oder bei Temperaturen von über 1500 Grad Celsius. Im Ofen entsteht daraus eine Flamme wie beim Schwarzpulver.

Dynamit auf dem Dachboden

Die Geschichte mit den Ofenanzündern auf dem Dachboden wäre nie aufgekommen, wenn nicht Zimmerer bei Arbeiten am Dachstuhl das Depot entdeckt und einige Patronen mitgenommen hätten. In einer Kiesgrube bei Bolsterlang hatten sie das Dynamit zur Explosion gebracht und dabei Aufsehen erregt. Die Polizei schritt ein. Beim Verhör beichteten die Zimmerer, wo sie den Sprengstoff her hatten. Die Folge war wieder einmal ein Hubschrauber-Besuch. Die Beamten stellten auf unserem Dachboden 20 oder 25 Kilo Dynamit sicher. Es bedurfte längerer Gespräche, um sie davon zu überzeugen, dass mein Vater weder ein Terrorist noch ein Bruder Leichtfuß war.

Einen Teil meiner Jugendjahre habe ich auf der Enzian-Hütte verbracht. Nach der Berufsausbildung als Koch sowie als Masseur und medizinischer Bademeister übernahm ich 1994 den Betrieb von meinem Vater und setzte im Frühsommer 1999 auch die alte Familientradition fort: Ich habe die Hütte ausgebaut. Genauer gesagt haben wir eine 80 Quadratmeter große Fläche zu einem Saunabereich umgestaltet.

Bei Regen in die Sauna

Als Privathütte gelten für uns nicht die selbst auferlegten Einschränkungen des Alpenvereins. Meiner Überzeugung nach darf es auch im Gebirge ein bisschen mehr Komfort sein, um den Ansprüchen vieler Gäste gerecht zu werden. Die Zimmer haben bei uns Hotel-Standard, aber die urige Stube würden wir nie verändern. Mit dem Saunabereich wollen wir unseren Gästen eine Art Aktivurlaub anbieten. Bisher nutzten viele Gäste eine Schlechtwetter-Periode, um in Oberstdorf in die Sauna zu gehen. Das können sie jetzt bei uns auf der Hütte. Warum auch nicht. Auf diese Weise kann ich meinen zweiten Beruf als Masseur und medizinischer Bademeister einbringen, um Gästen, die gerne ins Gebirge gehen, etwas besonderes zu bieten.

Zu den Besonderheiten gehört auch ein guter Service, der auf einer 1800 Meter hoch gelegenen Berghütte nicht immer leicht fällt. Welcher

Aufwand dabei getrieben werden muss, verdeutlicht ein Beispiel. Anfang September 1997 überraschte uns heftiger Schneefall. Es war Freitagabend, und das Haus war voll. Wie es der Teufel will, gab am Abend die Wasserpumpe ihren Geist auf. 80 Leute zu versorgen und kein Wasser. Ein Notstand bahnte sich an.

Nächtlicher Service

Got tsei Dank gibt es inzwischen Telefon auf der Hütte. Also rief ich bei unserem Service-Vertreter in Memmingen an, der allerdings keinen Ersatz auf Lager hatte. In solchen Situationen bewährt sich eine lange, gute Zusammenarbeit. Der hilfsbereite Mann setzte sich sofort ins Auto, fuhr in die Schweiz zum Auslieferungslager und beschaffte eine neue Pumpe.

Um 2 Uhr in der Nacht klingelte das Telefon: Er stand mit dem Ersatzteil unten in Einödsbach. Mit der Taschenlampe in der Hand stieg ich mit meinem Bruder ab und holte das heiß begehrte Teil. Noch in der Nacht bauten wir es ein. Und am nächsten Morgen gab es wieder Kaffee und Waschwasser, als ob nichts gewesen wäre.

Schnell reagieren und improvisieren gehört auf einer Berghütte zum Handwerk. Deshalb bekam ich auch ganz große Ohren, als ein Gast am frühen Abend aufgeregt, fast schon verstört in die Hütte kam und erzählte, ein Stück unterhalb sei direkt neben dem Weg ein Hirsch abgestürzt. Auf meine Nachfrage, ob es nicht vielleicht ein Schaf gewesen sein könnte, beharrte er darauf: „Nein, das war ein Hirsch mit Geweih." Nun gut, dachte ich mir. Einen Hirsch könnte man schon brauchen.

„Du Hirsch"

In Vorfreude auf einen guten Braten steckte ich mir ein Messer ein und stieg ab zum „scharfen Eck", jener Wegstelle, die der Gast als Absturzort beschrieben hatte. Was ich dort fand, war doch nur ein Schaf. Also nichts besonderes. Denn im Sommer grasen 450 Schafe rund um die Hütte und dabei stürzt „allbot" eins ab. Enttäuscht ging ich zur Hütte zurück und würdigte den „Unfallmelder" mit einem verärgerten: „Du Hirsch".

Nicht nur das Weidevieh, sondern auch Menschen geraten mitunter in Notlagen, vor allem, wenn sie sich selbst überschätzen oder von einem Wettersturz überrascht werden.

Ein Notfall ist mir besonders nahe gegangen und deshalb noch in bleibender Erinnerung. Bei dem Gedanken läuft mir heute noch ein Schauer kalt über den Rücken.

Es war ein regnerischer Tag, auf der Hütte regte sich nicht viel. Mit dem Fernglas sah ich den Weg hinauf in Richtung Rappensee-Hütte und bemerkte, wie Wanderer in einen Eilschritt fielen. Schwarze Wolken zogen auf. So wie die Leute im Dauerlauf auf uns zukamen, dachte ich mir noch: „Hoffentlich passiert nichts." Vor einem Platzregen schafften es viele noch bis zur Hütte. Plötzlich stand ein kleiner Bub vor mir und schrie auf flämisch irgendetwas von seiner „Mom". Mit einem Funkgerät machten wir uns auf den Weg und fanden die Belgierin am Rappentobel zwei Meter neben dem Weg auf einer Steinhalde liegen. Sie war von einem Blitz gestreift worden.

Während ich über Funk die Bergwacht rief, schoss ein Stein vom Linkerskopf herab und traf die Frau genau ins Dekolleté. Sie war in diesem Moment völlig weggetreten und hat davon nichts bemerkt. Der Steinschlag hätte sie sicherlich schwer verletzt oder gar getötet. Aber die Frau hatte eine große Oberweite. Ich bin davon überzeugt: Ihr Busen in Handballgröße hat den Schlag abgefedert und ihr das Leben gerettet. Erst im dritten Anlauf schaffte es ein Hubschrauber, die Belgierin bei dem heftigen Wind zu bergen und ins Krankenhaus zu bringen.

Jochen Krupinski

Jochen Krupinski, geboren am 26. April 1951 in Soflingen, wuchs in Kempten auf. Nach seiner Ausbildung als Maschinenbauer verpflichtete er sich von 1969 bis 1971 als Zeitsoldat bei der Bundeswehr. 1973 übernahm er als Wirt das Naturfreundehaus auf dem Gschwender Horn bei Immenstadt. 1979 bot ihm die Alpenvereins-Sektion Mindelheim ihre 2013 Meter hoch gelegene Hütte zwischen dem Oberstdorfer Rappenalptal und dem österreichischen Kleinwalsertal an. Die Mindelheimer Hütte ist Ausgangspunkt des Mindelheimer Klettersteigs, der 1975 über die Schafalpköpfe zur Fiderepaß-Hütte angelegt wurde.

Auf der Hütte machte sich Krupinski als Tüftler einen Namen. Ihm gelang es in den Allgäuer Alpen erstmals, eine biologische Kläranlage funktionsfähig zu machen. Die Photovoltaik-Anlage der Mindelheimer Hütte ist ein Vorzeigeprojekt des Deutschen Alpenvereins. Die Bemühungen fanden ihre Anerkennung in der Verleihung des Umweltgütesiegels.

Im Winter ist Jochen Krupinski unterwegs als Reisender in Sachen Allgäu-Werbung.

Jochen Krupinski

Jochen Krupinski (Bild mitte) ist stolz auf sein „Modell-Projekt Mindelheimer Hütte“. Hier besichtigen fachkundige Besucher die biologische Kläranlage.

Mindelheimer Hütte (2013 m)

1920 errichtete die Alpenvereins-Sektion Mindelheim am Allgäuer Hauptkamm ein Schutzhaus, das sie gern mit Lokalpatriotismus als „höchster Punkt und südlichster Teil der Stadt“ bezeichnet. Die Hütte liegt in ihrem Arbeitsgebiet, wie es die Sektionen in den Allgäuer Alpen untereinander aufgeteilt haben.
Die Mindelheimer haben dabei für die touristische Erschließung einen wichtigen Beitrag geleistet, als sie einen Klettersteig über die Schafalpköpfe hinüber zur Fiderepaß-Hütte bauten. Nach drei Jahren Bauzeit wurde der Klettersteig 1975 eröffnet. 400 Meter Drahtseil, 350 Tritt- und Metallbügel, drei Metallbrücken und mehrere Leitern ebnen den 2,5 Kilometer langen Weg über die Gipfel aus Hauptdolomit. Aus einer Klettertour im Schwierigkeitsgrad III bis IV ist seitdem ein Steig im Grad II geworden, der am höchsten Punkt über 2320 Meter Seehöhe führt.
Die Mindelheimer Hütte mit ihrer Photovoltaikanlage und ihrer biologischen Kläranlage ist ein Vorzeige-Objekt des Deutschen Alpenvereins. Wesentlich dazu beigetragen hat Hüttenwirt Jochen Krupinski, der als unermüdlicher Planer und Baumeister der Mindelheimer Sektion viel Arbeit abnimmt.

Die Mindelheimer Hütte

Jochen Krupinski

Putzlumpen paniert

Drama im Funk: In den Allgäuer Alpen geisterte eine Oma herum. Sie hatte schon das Prinz-Luitpold-Haus heimgesucht. Aus dem Sperrbachtobel beim Aufstieg zur Kemptner Hütte überredete sie die Bergwacht zur Umkehr ins Tal. Es dauerte aber keine zwölf Stunden, da erschien sie bei mir auf der Mindelheimer Hütte mit nicht viel mehr als einer Plastiktüte in der Hand. Ich schätzte sie auf gut 80 Jahre, aber fit. Sie war quietschfidel und bat um trockenes Brot und Tee. „Sie mag das so", dachte ich bei mir. Als andere Gäste mit deftigen Brotzeiten und warmem Essen vorbeiliefen, bekam unsere Oma immer größere Augen. „Kann ich hier schaffen?", fragte sie plötzlich.

„Wir haben schon genug Personal. Bleib in der Ruhe", gab ich zur Antwort. Aber Oma ließ sich nicht bremsen. Sie flitzte herum und räumte Geschirr ab. Ihr Tatendrang war nicht zu bremsen.

Als schließlich die Halbpensions-Gäste ihren Braten mit Salzkartoffeln an ihr vorbeitrugen, war es um die gute Frau endgültig geschehen. „So was möchte ich auch“. Jetzt ging mir ein Licht auf: Die Oma hatte kein Geld. „Klar, kannst du haben – soviel du willst.“ Oma hatte Heißhunger. Die dampfenden Kartoffel schlang sie so geschwind hinunter, daß sie im Mund sicherlich rasch Brandblasen hatte so groß wie Luftballons.

Wasserscheu

Nach dem Essen drängte sich die Frage auf: Wo können wir die Oma einquartieren?“ Die Hütte war nämlich eigentlich schon überfüllt. Bei den Bergführern war noch ein Lager frei und ein Bett im Personalzimmer. Diese Alternative hatte ich noch nicht ganz ausgesprochen, da waren meine Buben schon verschwunden. Flugs kletterten sie über eine Leiter heimlich in ihr Zimmer und schraubten von innen die Türe zu. Der Grund war einleuchtend: Die Oma war gewiss schon 14 Tage unterwegs und offenbar wasserscheu.

Also verbrachte die Frau die Nacht im Berg-

führerzimmer. Am nächsten Morgen war sie schon wieder fleißig dabei, das Frühstücksgeschirr abzuräumen, bis Gäste die Nase rümpften: „Stinkt's da?“ Als die Bedienung dann einen braunen Bollen auf dem Fußboden entdeckte, wurde der Verdacht zur Gewissheit: Oma hatte in die Hosen geschissen.
„Was ist passiert?“
„Nix, da muß ich wohl wo neitappt sein“, zuckte sie mit den Achseln und strich die Schuhsohlen an der Türschwelle zur Küche ab. So konnte es nicht weitergehen!
„Was hast du denn noch alles vor?“
„Ich will weiter.“
„Und wohin?“
„Zur Fiderepaß-Hütte.“

Na also. Ich drückte ihr einen Zwanziger in die Hand: „Da kannst du dir auf der nächsten Hütte was zu essen kaufen. Du mußt dich aber beeilen, dass dich noch jemand mitnimmt.“

Gut geschmiert ist halb gelaufen

Die anderen Gäste hatten inzwischen eiligst ihre Sachen gepackt und waren ohne unsere wohlriechende Oma losgezogen. Zwei Nachzügler konnte man von der Hütte aus noch laufen sehen. Denen eilte sie erstaunlich flott nach. „Gut geschmiert ist halb gelaufen“, bemerkte einer vom Personal, als er unserer flinken Oma hinterher schaute. Über Funk erlebten wir mit, wie die Frau beim Kollegen auf der Fiderepaß-Hütte aufgenommen und drei Tage lang als Helferin beschäftigt wurde. Unsere Gedanken waren bei ihm.

Kieselstein im Semmelknödel

Alle Jahre treffen sich die Hirten von den Alpen ringsum auf der Mindelheimer Hütte. An einem Tag begab es sich zufällig, dass gleichzeitig auch die Bude voll war mit einheimischen Wirten. Der wilde Haufen hat uns fürchterlich geplagt. Zwei Tage lang ging es auf der Hütte zu wie auf einer Achterbahn. Da muss man sich doch revanchieren. Ich wusste, dass die Hirten bei mir wieder einkaufen wollten wie im Supermarkt: Zehn Eier, zwei Kipf Brot, fünf Tomaten, Gurken, Kartoffeln, fertige Speckknödel. Dann wird alles eingeschrieben ins „Kursbuch“ und am Ende der Saison mit dem Buttergeld verrechnet. Diesmal nutzte ich die Zeit, um die Einkäufe zu präparieren: Die Eier ausblasen, in die Speckknödel Kieselsteine verstecken, in die Gurken grünen Pfeffersaft spritzen und die Tomaten mit rotem Chili füllen.

Am zweiten Tag packten die Hirten ihr Zeug und kehrten heim – aber nicht für lange. Dann standen sie wieder auf der Matte: „Das scharfe Zeug kannst selber haben." Ein paar Maß Bier habe ich zahlen müssen, um den Pfefferbrand zu löschen.

Diesmal hatten die Hirten von der Taufersalp eine Kuh dabei, die am Abend gemolken wurde. Die Milch stellten sie in einem Kübel in den Hausgang. „Wie komm ich nur zu der guten Milch?", überlegte ich kurz. Dann fiel mir ein, dass in der Küche noch irgendwo Milchpulver sein musste. Milch raus, Milchpulver rein. Am nächsten Morgen saßen zwei grame Hirten beim Frühstück. „Die Milch kannst selber saufen."

Neugieriger Reporter

Nach einer längeren Schlechtwetterperiode freut sich der Wirt über jeden Besuch. Mit Willi, unserem damaligen Vorsitzenden des Mindelheimer Alpenvereins, saß ich vor der Hütte auf dem Führerbänkchen in der Sonne. Neben uns lag ein großer Haufen Plastikrohre. Wortlos dachten wir beide das gleiche: „Wenn die bloß schon vergraben wären..."

Plötzlich unterbrach Willi die Stille:
„Da kommt ein Gast."
„Das ist kein Gast. Das ist der Schlösser Klaus."
„Wer isch des?"

Jochen Krupinski und der damalige Vorsitzende der Alpenvereinssektion Mindelheim beim „Interview".

Ich klärte ihn auf: „Das ist ein Reporter vom Allgäuer. Der kommt gelegentlich mal rauf und will was Neues wissen, irgendein Gschichtle."
„Aha, so so. Ja, was können wir dem jetzt anstellen?"
„Der wird bestimmt gleich wissen wollen, was das für Rohre sind."
Die Neugierde hatte ich richtig eingeschätzt. Kaum hatte der Reporter ausgeschnauft, wollte er auch schon wissen, was da gebaut wird. Willi stupfte mich in die Seite, und schon ging's los:
„Das ist der erste Abschnitt für unsere vollbiologische Kläranlage."
Wir redeten uns richtig warm. So wie wir ihm die Konstruktion einer vollbiologischen Kläranlage erläuterten, hätte ein Architekt sofort bauen können.

Super-Patent

Am nächsten Morgen schon stand die Geschichte in der Zeitung. Mit Foto. Mein Bruder, der ein Büro für Bauplanung betreibt, rief gleich in der Früh bei mir auf der Hütte an: „Kannst du mir dein Super-Patent verkaufen? Bisher ist es noch keinem gelungen, in 2000 Meter Höhe eine vollbiologische Kläranlage zu betreiben."

Der Schlösser Klaus war aber nicht der einzige, der die Geschichte geglaubt hat. Mein Bruder hat den Schwindel gemerkt und andere auch, aber nicht alle. Die Sektion hat jedenfalls auf den Zeitungsartikel hin eine Genehmigung erhalten für den „Umbau der Kläranlage“.

Vorstand verirrt sich

Gelegentlich werden die Herren vom Vorstand der Sektion selbst auf den Arm genommen. Zum Beispiel dann, wenn sich ein Hausel das Taschengeld aufbessern will. Die Spitze der Mindelheimer Sektion war auf dem Weg zum Naturfreundehaus bei Immenstadt, wo ich damals noch Wirt war. Wir wollten den Pachtvertrag abschließen für die Mindelheimer Hütte.

Beim Aufstieg von Immenstadt kamen die Männer in die Nacht. Sie hatten keine Taschenlampe dabei und verirrten sich. In den Köpfen setzte sich der Gedanke fest: „Jetzt müssen wir biwakieren.“ Ein Platz dafür war noch nicht gefunden, als die Herren plötzlich ein Lichtlein sahen. Sie riefen und das Lichtlein antwortete:
„Da geht’s rauf.“
„Was ist da rauf? – Dürfen wir mit? – Kennst du den Weg?“
„Ich glaub schon“, hörten sie das Lichtlein sagen. Der Lampenschein stieg so schnell bergan, dass die Vorstandsmitglieder kaum hinterherkamen.

Auf dem Naturfreundehaus angekommen, bestellten sie eine Brotzeit und ein Viertele Wein. Höchst erstaunt waren sie, als es das „Lichtlein“ war, das den Wein auf den Tisch stellte. Als Retter in der Not war ihnen nämlich mein Hausel über den Weg gelaufen.

Geldbeutel im Fallrohr

Nachdem am nächsten Morgen alle Formalitäten erledigt waren, lobten die Herren das Essen und wollten zahlen. Sieben haben auch zahlen können. Der achte suchte nach seinem Geldbeutel. Auf der Strecke, so meinte er, könne er den Beutel nicht verloren haben. Unter Tischen und Bänken lag nichts. Im Lager war nichts zu finden. Da schaltete sich der Hausel ein in das Gespräch:
„Warst du auf dem Häuschen auch?“
„Klar.“
„Hast du den Geldbeutel dabei gehabt?“
„Wahrscheinlich.“
„Dann schau doch mal ins Fallrohr.“

Der Mindelheimer schaute nach – und sah tatsächlich den Geldbeutel in der Grube liegen. Papiere waren zwar keine drin, aber dafür über 400 Mark Bargeld.
„Für das Geld laufe ich nicht durch den Schacht“, rümpfte er die Nase.

„Ich auch nicht“, bemerkte der Hausel und wandte sich ab.
Kaum waren die Herren auf dem Weg hinab ins Tal, begann mein Hausel mit dem „Bschütten“ (Wiese mit Jauche düngen).

„Schuhe ausziehen“

Die Hausordnung auf der Hütte gilt für alle, auch für Einheimische. Seit Jahren schon findet an der Mindelheimer Hütte ein Lehrgang für Lawinenhundeführer statt. Nach den Übungen draußen im Schnee ist es selbstverständlich, dass jeder die Bergschuhe auszieht, wenn er am Nachmittag in die Hütte kommt. Nur der Bereitschaftsleiter der Oberstdorfer Bergwacht meinte, ihn betreffe das nicht. Drei- oder viermal bat ich ihn: „Wastl, komm, zieh' die Schuhe aus.“ Andere Leute jammerten nämlich, dass auf dem Boden alles nass war und die Hüttenschuhe feucht wurden. „Wir Oberstdorfer ziehen die Schuhe an, wann wir wollen, und wir ziehen die Schuhe aus, wann wir wollen“, war sein einziger Kommentar. Ich dachte mir: „Aus schon, aber an, das glaub i net.“

Als der Herr Bereitschaftsleiter – ohne Schuhe – im Bett lag, überlegte ich mir, wie man der Hüttenordnung Respekt verschaffen könnte. Ich überlegte hin und her: Schuhe ausgipsen oder dicke Einlagen einkleben – irgendwas musste angestellt werden. Zufällig fand man in der Werkstatt Bauschaum zum Verfüllen von Ritzen.

Am Morgen war der Bauschaum in Wastls Schuhen dick aufgequollen. Die Dinger sahen aus wie Lederblasen mit Sahnehaube. 60 Leute standen schon rund um das Frühstücksbuffet. Mitten drin die aufgequollenen Bergschuhe, mit Stanniol dekoriert und von zwei Kerzen eingerahmt. „Herzlichen Glückwunsch zu den neuen Schuhen", wurde Wastl empfangen, als er zum Frühstück erschien. Aber erst beim zweiten Nachschlag fiel ihm die Kinnlade runter.

Komisch gehumpelt

Nach dem Frühstück war der Bereitschaftsleiter auf einmal verschwunden. Alle wollten natürlich wissen, wie Wastl ohne Schuhe ins Tal hinab kommen würde. Oberstdorfer, die kurz darauf zur Hütte hinaufkamen, erzählten, sie hätten Wastl von weitem erkannt. Er habe abseits des Wegs scheinheilig gewunken und sei irgendwie komisch den Berg hinab gehumpelt.

Es wissen offenbar viele Leute, dass ich für mein Leben gern Hühnersuppe esse. Ein befreundeter Elektriker, der auf der Hütte die Stromleitungen instandsetzen sollte, rückte mit Werkzeug und Material an. Eine der Kisten, die er unten im Tal in die Materialbahn einlud, enthielt weder Werkzeug noch Material. Sein Vater besaß eine Hühnerfarm, und als ich oben die Kiste auslud, gackerte das „Inventar“: Sechs Hennen und drei Gockel. „Was machen wir bloß mit den Hennen?“ Das Problem löste sich bald in Wohlgefallen auf.

Scharfer Gockel

Schon nach einer Stunde war die erste Henne verschwunden. Sie tauchte den ganzen Sommer über nicht mehr auf. Als Tags darauf die Familie Gartenmaier, die neuen Wirtsleute der Rappensee-Hütte, den Antrittsbesuch machten, schenkte ich dem Sohn Benjamin einen Gockel. Dabei hatte ich wohl den richtigen Griff getan. Denn eine Woche später funkte Vater Reinhard von der Rappensee-Hütte, ich solle den Gockel wieder holen. Der Hahn sei schärfer als ein Bluthund und falle seine Gäste an.

Die beiden Hähne, die mir geblieben waren, hatten ihre Hackordnung schnell gefunden. Der alte Hahn durfte offiziell, der junge nur heimlich. Die Gäste hatten an dem Theater ihre helle Freude. Aber das Schauspiel währte nicht lange. Eines Tages holte sich ein Habicht den jungen Gockel. Übrig blieb der Alte und fünf Hennen, für die damit der normale Alltag Einzug hielt.

Gerlinde lernt laufen

Eine der guten Seelen in meiner Küche hieß Gerlinde. Die Berge mochte sie furchtbar gern – aber nur, wenn sie nicht zu Fuß hinaufsteigen musste. Im Frühjahr zogen wir sie mit der Materialbahn rauf, im Herbst ließen wir sie in der Kiste runter ins Tal. Als sie uns nach drei Jahren verlassen wollte, kannte sie nicht einmal den Weg zur Mindelheimer Hütte.

Kurz vor Schluss der Saison fiel uns ein, dass am Dieselmotor der Materialbahn die Zylinderkopf-Dichtung kaputt sein könnte. Der Schaden war schnell behoben – aber nur provisorisch, wie wir Gerlinde wissen ließen, um ihr Angst zu machen. Die Materialkiste könne allenfalls mit halber Last beladen werden. Und unsere Gerlinde stellte eher „Vollast“ dar. Ihr rutschte das Herz in die Hose. Am nächsten Tag setzten wir Gerlinde in die Bahnkiste. Nach 30 Metern stellte ich den Motor ab. In luftiger Höhe über dem Abgrund verkrallte sie sich an den Seitenwänden der schaukelnden Kiste. „Gerlinde, es geht nicht“, riefen wir ihr zu. Dann kurbelten wir die Bahn von Hand zurück, bis die Kiste wieder in der Bergstation stand. So haben wir es in drei Jahren wenigstens einmal geschafft, dass die schwergewichtige Gerlinde zum Fußmarsch antrat, der normalerweise eineinhalb Stunden dauert. Gerlinde brauchte fünf Stunden. Als ich nach drei Tagen bei ihr anrief, war die Mutter am Telefon: Gerlinde sei nicht zu sprechen. Sie liege seit drei Tagen mit Muskelkater im Bett und könne sich nicht bewegen.

Im Winter auf Tour

Hüttenwirte sind Gastronomen, die nicht ohne Bedacht eine Wirtschaft in 2000 Meter Höhe pachten. Sie sind selbst begeisterte Bergfreunde. Den Sommer über freilich reicht nie die Zeit, um selbst auf Tour zu gehen. Entweder sind zu viele Gäste da, oder das Wetter ist zu schlecht. Seit vielen Jahren schon gehe ich deshalb mit meinen Freunden im Winter auf Skitour. 1985 entschloss ich mich mit drei Spezln Rudl, Bschesina und Heini zu einer Graubünden-Durchquerung.
Die Schwierigkeiten bei der Anreise waren typisch für die ganze Woche. Wir wollten unser Auto in Maienfeld bei einem befreundeten Lawinenhundeführer abstellen, der schon öfter bei einem Lehrgang auf der Mindelheimer Hütte war. Zur Begrüßung gab es ein Gläschen Wein, und noch eins, und die Zeit verstrich. Mein Schweizer Freund beschwichtigte immer wieder: „Da fährt schon noch ein Zug.“

Den letzten Zug erwischten wir schließlich gerade noch in Landquart und dann die letzte

Gondel zum Weißfluhjoch. Oben war uns allen klar: „Jetzt trinken wir noch ein Bier.“ Wir lehnten die Ski an die Mauer des Restaurants. Prompt fielen unsere Ski und die anderen 200 Paar gleich mit. Unter wüsten Beschimpfungen anderer Skitouristen fuhren wir schließlich ab ins Berghotel Heimeli.

Vier mal vier plus Nachschlag

Für Pensionsgäste stand als Abendessen auf der Karte: „Käsmakkaroni mit Schinken“. Als der Hausherr mit einer Platte kam, nahm Bschesina die Portion und begann zu essen. Wir drei warteten auf die nächsten Platten. Später fragte der Kellner: „Hat's geschmeckt?“ Eine Antwort kam nur von Bschesina. Wir drei anderen fragten ganz höflich, wo unser Essen bleibe. Die Platte sei für alle vier gewesen, erklärte der Hausherr. Als schließlich auch die anderen drei eine Nudelplatte für vier Personen im Bauch hatten, baten wir vorsichtig um einen Nachschlag. Da wurde der Wirt grantig. Er ließ sich erst wieder besänftigen, als Heini die Scherr-Zither aus seinem Gepäck holte und Rudl im Haus noch eine Zither fand, die allerdings nur drei Saiten hatte. Die Hausmusik kam gut an.

So oder so ähnlich vergingen ein paar Tage, bis wir auf der Batalia-Hütte eintrafen. Unterwegs hatten wir ein paarmal den Bus verpasst oder gerade noch die letzte Gondel erwischt. In unserem Quartett hatte immer einer Hunger, immer einer Durst.

Die Hütte war wunderbar. Nach dem Essen der Griff zu den Instrumenten. Bald herrschte Stimmung in der Bude. Dafür gab es Grund genug: Die Wirtin hatte just an diesem Tag Geburtstag. Schließlich rückte die Hüttenruhe immer näher und jeder dachte für sich: „Schade". Auf einmal war Bschesina ver-schwunden. Er hatte die Situation überrissen. Im ganzen Haus stellte er die Uhren eine Stunde zurück – einschließlich am Wecker im Schlafzimmer der Wirtsleute. Als er zurückkehrte, ging ein Stupfen durch die Stube. Alle Gäste machten mit. Und auf einmal ging auch die Stubenuhr eine Stunde nach. „Heute vergeht die Zeit überhaupt nicht – richtig nett", freute sich die Wirtin.

Am nächsten Morgen standen alle Gäste zur „normalen" Zeit auf und kamen zum Frühstück, bloß die Wirtin nicht. Als sie eine Stunde später in der Türe auftauchte, hatten wir schon Kaffee aufgeschüttet.
„Wie willst du die Eier, weich oder hart?"
„Red mich bloß nicht an", grantelte sie zurück.
Nach einem Frühschoppenkonzert verabschiedete sie uns aber mit aller Freundlichkeit.

Auf der weiteren Route wurden wir verfolgt von einer Gruppe mit Bergführer. Die zehn Leute liefen uns brav hinterher, wie Hunde. So was mußte nicht sein. An einem steilen, aber kurzen Hang setzten wir saubere Schwünge in den Tiefschnee, plattelten 300 Meter in dem Hochtal weiter und stiegen auf der anderen Seite wieder 500 Meter auf. Wir waren schon fast oben, als wir unten im Kar die Nachläufergruppe laut streiten hörten. Der „Bergführer" musste sich wiederholt einen „Deppen" heißen lassen. Seitdem waren wir wieder allein auf weiter Flur.

Die nächste Etappe führte uns über den Furka ins Hotel „Furka". Wie es so vorkommen kann, hatte der Hotelier sein Haus überbucht. Wir hatten für zwei Nächte ein Doppelzimmer bestellt. Ob es uns was ausmachen würde, in der zweiten Nacht zu viert in einem Zimmer zu schlafen, fragte der Wirt sehr nett. „Schon recht, kann vorkommen", gaben wir uns zufrieden.

Am Abend trafen Schweizer Lawinenhundeführer ein, die wir kannten und die ihre Instrumente mitgebracht hatte. Am Stammtisch saß auf einmal ein ganzes Orchester. Zum Abendessen hatte es Cordon Bleu gegeben. Ein Stück war übrig geblieben. Die Wirtin war so freundlich, mir das Fleisch einzupacken. Für die Tour am nächsten Tag hatte ich also eine Brotzeit.

Als am Abend die Uhr auf Zehne zeigte, kehrte – wie in der Schweiz üblich – strenge Hüttenruhe ein. Die einen gingen ins Bett, die anderen ins Dorf. Heini und ich wollten nachschauen, ob man da noch irgendwas anstellen könnte. Aber in dem Kaff war der Hund verfroren. Uns blieb nichts anderes übrig, als im Hotel unseren Spezln lästig zu fallen. Erst beugte man einen Holzstoß um – vor ihre Zimmertüre. Zu unserer Überraschung entdeckten wir hinter dem Holz einen Stoß Sonnenschirme. Flugs waren sie aufgespannt und im ganzen Treppenhaus verteilt. Am nächsten Morgen beim Frühstück hagelte es Beschwerden.

Schamlos ausgenutzt

Unsere Tour führte uns auf den Oberalpstock. Oben am Gipfel packte ich meinen Rucksack aus und freute mich auf mein Cordon Bleu. Der erste Bissen – und ich spuckte alles wieder aus. Die zwei Herren Freunde hatte am Abend zuvor unseren Gang ins Dorf schamlos ausgenutzt. Aus dem Rucksack hatten sie das Fleisch herausgeholt und untereinander aufgeteilt. Die Wirtin hatten sie bezirzt, einen Putzlumpen zu panieren und zu backen. Den hatten sie mir dann eingepackt in meine Brotzeitschachtel.

Am Spätnachmittag traf im Hotel eine Gruppe

Münchner ein, die mit dem Alpenvereins auf der gleichen Route unterwegs waren wie wir. Den Bergführer kannte ich zufällig. „So, ihr seid's. Mit 15 Leuten laufen wir seit Tagen hinter euch her. Überall, wo wir hinkommen, spricht man nur von den vier Allgäuern."

Ein Fünfter im Bett

Nach der Nacht zu viert im Zweibett-Zimmer gab es noch einen zünftigen Frühschoppen. Beim Begleichen der Rechnung fragte der Wirt, ob alles in Ordnung sei. „Jo, scho. Wir haben ja Verständnis für den Buchungsfehler. Vier Mann in einem Doppelzimmer, das ist schon viel. Aber einen fünften, noch dazu einen Wildfremden, hättest du uns nicht noch dazulegen brauchen." Der Wirt glaubte uns nicht. „Schau doch nach. Der liegt noch oben und schläft."
Der Wirt hastete hinauf in den dritten Stock. Plötzlich hörten wir unten an der Rezeption einen Schrei. Von der Wand im Flur hatten wir einen ausgestopften Gamsbock abgenommen und ins Bett gelegt. Wir hatten ihm die Krucken verdreht und eine Gletscherbrille aufgesetzt. Seitlich aus dem Bett schauten Handschuhe raus, unten die Skischuhe. Mit dem maskierten Gamsbock unter dem Arm kam der Wirt zurück zur Rezeption, wo schallendes Gelächter losbrach. „Ihr dürft nächstes Jahr wiederkommen."

Reinhard Gartenmaier

Reinhard Gartenmaier, geboren am 14. Dezember 1947 in Vorderhindelang, spezialisierte sich in seinem erlernten Beruf als Kaufmann in verschiedenen Sparten. Gerold Berktold, damals Wirt auf dem Prinz-Luitpold-Haus, gab ihm den Tip, dass die DAV-Sektion Allgäu-Immenstadt ihr Edmund-Probst-Haus am Nebelhorn neu verpachtet. Von April 1971 bis Ende 1973 bewirtschaftete Reinhard Gartenmaier diese Hütte, ehe er 1974 Wirt auf dem Prinz-Luitpold-Haus wurde. Als 1977 seine Tochter Christine zur Schule mußte, nahm er vorerst Abschied von den Bergen. Als leidenschaftlicher Drachenflieger machte er später sein Hobby zum Beruf. Er ließ sich als Fluglehrer ausbilden.
Seitdem ist Reinhard Gartenmaier im Winter für den baden-württembergischen Luftfahrtverband im Raum Stuttgart tätig. Seit 1988 nun führt er den Sommer über die größte Alpenvereinshütte in den Allgäuer Alpen, die 2091 Meter hoch gelegene Rappensee-Hütte.

Reinhard Gartenmaier

Reinhard Gartenmaier

Reinhard Gartenmaier

Das Fiedle aufgerissen

Ich war noch nicht lange „Hüsl", so eine Art Hausmeister, auf dem Prinz-Luitpold-Haus zwischen Hinterstein und Hochvogel, als eines Tages hoher Besuch auf der Hütte eintraf. Der damalige Bürgermeister von Hindelang, der Landtagsabgeordnete Georg Scholl, hatte seinen Freund Dr. Bruno Merk, seinerzeit Bayerns Innenminister, zu einer Bergtour überredet. In Begleitung des Hindelanger Marktbaumeisters Karl Waibel trafen die Herren Politiker am Nachmittag ein. Nach einem Gläschen zur Begrüßung legte ich ihnen das Hüttenbuch vor. Wie es sich für ordentliche Bergsteiger gehört, trugen sie sich dort mit Namen und Wanderziel ein. Bei so bedeutender Prominenz war mir die Unterschrift im Hüttenbuch so viel wert wie ein Autogramm.

Der Ranghöchste begann mit der Eintragung:

Dr. Bruno Merk, Innenminister, MdL.
Dann folgte unser Gemeindeoberhaupt: Georg Scholl, Bürgermeister von Hindelang, MdL.
Als letzter verewigte sich Karl Waibel. Seinem Namen fügte er hinzu: Marktbaumeister, MdO.

Minister Merk hatte dies beobachtet und fragte neugierig, was denn um Himmels willen MdO bedeute.

„Wenn ihr schon so protzet, was ihr alles seid's, muß ich doch auch was reinschreiben", antwortete Waibel. MdO bedeute ganz einfach: Mitglied der Ortskrankenkasse.

Später hörte ich mal im Radio ein Interview mit Innenminister Merk, der als begeisterter Bergsteiger über seine schönsten Touren gefragt wurde. Dabei gab er auch die Geschichte vom Hüttenbuch im Prinz-Luitpold-Haus zum besten – unter schallendem Gelächter aller Umstehenden.

Prominent war er nicht, sondern nur klatschnass – jener Gast, der sich am Abend hilfesuchend an meine Küchenhilfe Oda wendete: „Gibt es hier eine Möglichkeit, die nassen Schuhe über Nacht zu trocknen?" Oda zeigte Mitleid: „Bringst mir die Schuhe nach Feierabend. Dann stell ich sie über Nacht an den Ofen."

Der Gast hat offenbar einen so guten Eindruck auf die junge Dame gemacht, dass Oda sich der nassen Schuhe mit besonderer Aufmerksamkeit widmete. Sie stellte das Paar nicht an den Ofen, sondern schob sie ins Ofenrohr. Am frühen Morgen stand ich wie üblich auf und heizte als erstes den Ofen an. Es war gegen 9 Uhr, als der Gast kam und nach seinen Schuhen fragte. Oda hatte die Dinger in der morgendlichen Hektik total vergessen. Als sie jetzt den Ofendeckel aufmachte, wurde sie kreidebleich im Gesicht: Die Schnürsenkel waren abgebröckelt und die Sohlen in der Hitze rund gebogen. „Das sind nicht meine“, schüttelte der Gast den Kopf.

Angekohlte Sohlen

„Gedulden Sie sich einen Augenblick. Ich schaue nochmal nach“, bat die Küchenhilfe um Bedenkzeit, was nun zu tun sei. Sie holte sich einen Kollegen zu Hilfe und ging mit ihm in den Keller. Der Hausel heizte die Lötlampe an und erhitzte die verbogenen Schuhsohlen. Mit mehreren Nägeln versuchten die beiden, die Sohlen wieder in Form zu bringen, was ihnen nur leidlich gelang. Dafür schmierten sie die ehemals braunen, inzwischen leicht angekohlten Schuhe mit schwarzer Wichse ein und zogen neue Schnürsenkel durch die Haken. „Hier sind sie. Ich hab sie sogar neu eingefettet“, pries Oda die lädierten Treter an, wie frisch vom Zimmerservice. Mit leicht ungläubigem Staunen zog sich der Gast in Windeseile die Schuhe an und machte sich auf die Socken. Durchs Küchenfenster sahen wir ihn davonlaufen wie auf Eiern – „wia ba halt so goht üf runde Sohla".

Bon-Stupfer im Hintern

Manchmal werden meine Gäste auch mit Absicht geneckt. Von meinem Vorgänger auf dem Prinz-Luitpold-Haus hatte ich als Hüttenwirt eine Vorrichtung übernommen, die schon oft für Heiterkeit gesorgt hatte. Unter einer Bank in der Stube war ein Bon-Stupfer angebracht, wie er normalerweise zum Aufspießen von Bestellzetteln an der Theke benutzt wird. Der Nagel war angespitzt und passte genau durch das Loch, das ein Schelm in die Bank gebohrt hatte. Am entfernten Ende der Bank konnte man an einer Schnur ziehen, die über eine Feder den Nagel durch die Bank drückte.

Die Gaudi mit dem Bon-Stupfer war besonders beliebt bei den Soldaten vom Hubschrauber-Transportgeschwader, die gelegentlich mit ihren Vorgesetzten zum Kaffeetrinken zum Prinz-Luitpold-Haus geflogen kamen. Die Soldaten schafften es fast immer, dass die höheren Dienstgrade genau auf dem Loch in der Bank saßen.

(Fortsetzung Seite 50)

Prinz-Luitpold-Haus (1846 m)

Der Hintersteiner Adlerjäger Leo Dorn hatte den Standort ausgesucht, als die Alpenvereins-Sektion Allgäu-Immenstadt mit ihrer Hindelanger Ortsgruppe am 4. Juli 1881 unter der wilden Fuchskarspitze am Ende des Hintersteiner Tals ihr Prinz-Luitpold-Haus eröffnete. Der Name ist eine Verneigung vor dem königlichen Geschlecht der Wittelsbacher, dem heute zwischen Hochvogel und Hinterstein noch viel Grund gehört. Der Boden, auf dem die Hütte steht, war zunächst noch gepachtet und ging erst später ins Eigentum des Alpenvereins über.
Das Prinz-Luitpold-Haus ist vom Hintersteiner Tal aus zu erreichen. Mit dem Linienbus fährt man auf der für den übrigen Verkehr gesperrten Straße bis zum Giebelhaus. Ein Stück weiter, an der Materialbahn der Hütte, beginnt der Hüttenanstieg.
Das Prinz-Luitpold-Haus ist Station für extreme Klettereien, aber auch Ausgangspunkt für die Besteigung des 2593 Meter hohen Hochvogels, der als „Monarch" der Allgäuer Alpen ein einmaliges Panorama bietet.

Das Prinz-Luitpold-Haus oberhalb von Hinterstein

Wenn sich der Chef dann leicht vorbeugte, wussten die Burschen: Die Spitze sticht. Mancher Offizier verdrückte sich zur Toilette, um in aller Stille nachzuschauen, ob er sich auf der Bank einen Holzsplitter eingezogen hätte. Eines Tages hatten die Flieger einen stämmigen Hauptmann dabei. So oft sie auch an der Schnur zogen, der Herr Offizier mit seinem dicken Arsch zeigte keinerlei Wirkung.

Riss im Hintern

Endlich wurde es einem der Soldaten zu dumm: Er riss mit aller Gewalt an der Schnur, so dass sich der spitze Nagel gewiss drei Zentimeter in des Hauptmanns Hintern bohrte. Der Offizier ließ einen Schrei und sprang auf – allerdings nicht gerade nach oben, sondern seitlich weg. Deshalb riss der Nagel einen Triangel in die Hose. Bei der Besichtigung des Schadens kam Blut zum Vorschein. Mitten in der Gaststube musste der Hauptmann unter dem Gegröhle seiner Kameraden die Hose runterlassen, um die Wunde mit einem Pflaster zu versorgen. Der Riss im Hintern wurde später sogar im Lazarett genäht.

Eine Schutzhütte des Alpenvereins verwechseln manche Gäste, die nur selten ins Gebirge kommen, mit einem Hotel im Tal. Obwohl im

Prinz-Luitpold-Haus die Gaslaternen in der Stube deutlich machen, dass dort oben kein Strom vorhanden ist, kamen immer Männer an die Theke mit einem Rasierapparat in der Hand und fragten, wo sie sich die Stoppeln im Gesicht stutzen könnten.

Steckdose präpariert

Die ständige Fragerei brachte uns auf eine dumme Idee. In der Stube nagelten wir eine Steckdose an die Wand und verlegten von dort ein Kupferkabel bis auf den Boden. Der Anschluss sah perfekt aus. Es dauerte nicht lange, bis wieder ein Gast fragte, wo er sich rasieren könne. „Do dined“, deuteten wir auf die Steckdose an der Stubenwand.

Der Mann schob den Stecker rein, aber es rührte sich nichts. Zunächst beäugte er seinen Rasierapparat, kam dann an die Theke und reklamierte: „Da ist wohl kein Strom drin.“ Auf diesen Fall hatten wir uns intensiv vorbereitet. Gerold hatte seinen Rasierer präpariert. Das Ding lief auf Batterie, auch wenn man den Stecker in die Dose steckte. Missmutig über die vermeintliche Störung kam er aus der Küche heraus, steckte den Stecker rein – und der Rasierer lief. „S’goht doch, was willsch d’eigentle?“, zog er sich achselzuckend in die Küche zurück.

Der Gast probierte es wieder und wieder – ohne Erfolg, bis er an der Theke um einen kleinen Schraubenzieher bat. Mit dem Werkzeug setzte er sich an den Tisch und baute den Rasierapparat auseinander. Wie Männer halt so sind, fand sich bald eine ganze Expertenrunde ein, die ringsum Platz nahm und schlaue Kommentare von sich gab. Sogar ein Elektromeister steuerte Tips bei, woran der Fehler liegen könnte. Aber alle gut gemeinten Ratschläge halfen nichts. „Dann kann es nur am Strom liegen“, war schließlich die einhellige Meinung der Männerrunde. Wie auf Bestellung kam Gerold wieder mit seinem präparierten Rasierer aus der Küche, schob den Stecker rein, und schon lief das Gerät. Da machte sich allgemeines Kopfschütteln breit. Der Gast ist sicherlich im Tal in einen Laden gegangen, um seinen „defekten“ Rasierer reparieren zu lassen.

„Bitte ein Bitter Lemon“

Als ich 1989 die Rappensee-Hütte übernahm, war der erste Gast ein Norddeutscher, der offenbar das erste Mal im Gebirge war. Die Ausrüstung funkelte nagelneu. Die poppige Bundhose hatte noch Bügelfalten. „Ein Ginger Ale“, bestellte er an der Theke, nachdem er im Gastraum einige Minuten ausgeschnauft hatte. „So was gibt’s bei uns nicht“, bedauerte ich.

„Also gut, dann eben ein Bitter Lemon."
„Guter Mann, Sie können ein Skiwasser haben. Das schaut so ähnlich aus wie Bitter Lemon, schmeckt nur ein bisschen süßer."
„Also gut", gab er sich fürs erste zufrieden.

Als er das Skiwasser trank, verzog er sein Gesicht wie sieben Tage Regenwetter. Später kam der etwa 50-jährige Herr nochmals an die Theke. Er wollte übernachten, aber bitte ein Einzelzimmer mit Dusche. „Guter Mann, Sie können gerne ein Bett haben. Aber Sie sind hier oben auf einer Alpenvereinshütte. Duschen gibt es nicht. Wir haben einen Gemeinschaftswaschraum für Männer und einen für Frauen", klärte ich ihn auf.

Dampferfahrt auf dem Rappensee

Und weil der Preuße vom Leben in den Bergen partout keine Ahnung hatte, ritt mich jetzt der Teufel:
„Was tun Sie denn heroben?", wollte ich wissen.
„Die Berge begucken."
„Haben Sie denn schon für heute Nachmittag was vor?"
„Eigentlich nicht. Was kann man denn hier so machen?"
„Ich könnte Ihnen am Rappensee einen Strandkorb reservieren. Oder hätten Sie Lust auf eine

Raddampferfahrt auf dem See?“
„Ach wissen Sie, ich war gerade auf Sylt. Von Strandkörben und Nackten habe ich die Nase voll. Aber eine flotte Dampferfahrt würde mich schon interessieren.“

Ich konnte mir das Lachen kaum verkneifen. Wortlos nahm ich einen Bedienungsblock und schrieb ihm ein Ticket raus für eine Dampferfahrt auf dem Rappensee. Die 50 Pfennige, die ich dafür kassierte, warf ich in die Bergwacht-Kasse an der Theke.

Vor Lachen getobt

„Der letzte Dampfer geht um 17 Uhr“, riet ich ihm, gleich aufzubrechen zu dem kleinen, glasklaren Bergsee unterhalb der Hütte in gut 2000 Meter Meereshöhe. Das Personal am Küchenfenster tobte vor Lachen, als der Norddeutsche mit dem Ticket in der Hand wedelnd zum Rappensee lief.

Eine Stunde später kam er wieder und setzte sich wortlos zum Abendessen an den Tisch. Der gute Mann wird auf einer Alpenvereinshütte wohl nie mehr Ginger Ale, Bitter Lemon oder ein Einzelzimmer mit Dusche bestellen.
Um das Personal, das von morgens um 6 Uhr bis spät in die Nacht hart arbeiten muss, bei Laune

zu halten, läßt man sich gelegentlich ein Späßchen einfallen. Immer wieder nett ist die Gaudi mit dem Schaukasten in der Stube. Aus ein paar Brettern habe ich einen kleinen Kasten gebaut mit zwei Löchern, einer Scheibe, einem alten Manometer mit Druckknopf und einer exakten Betriebsanleitung. „Hohes Licht bei Nacht" steht auf dem kleinen Schild. Wer den 2651 Meter hohen Gipfel, der von der Rappenseehütte eigentlich gar nicht zu sehen ist, unbedingt bei Nacht betrachten will, muss zehn Pfennige in einen Schlitz werfen und auf den Knopf drücken. Es sind nicht wenige, die sich das „highlight by night" was kosten lassen.
„Der Automat funktioniert ja nicht", kommt dann regelmäßig die Reklamation, wenn die Leute in die schwarzen Löcher starren. „Klar funktioniert der Kasten. So sieht das Hohe Licht bei Nacht nun mal aus."

Heinrich Geißler

Heinrich Geißler, geboren am 1. Juni 1922 in Fischen. Im November 1946 trat er in die Dienste von Hüttenwirt Franz Kaufmann in Oberstdorf. Bis 1947 pendelte er mit dem Fuhrwerk jeden Tag zwischen Dorf und der Schwarzen Hütte, 17 Kilometer entfernt im Rappenalptal, wo die Verpflegung für die Rappensee-Hütte auf die Rücken von Mulis umgeladen wurde. Als zur Währungsreform ein Mulitreiber ins Bankfach als seinem erlernten Beruf zurück wechselte, übernahm Geißler den Posten. 1954 heiratete er die Tochter des Hüttenwirts. Das Ehepaar konnte nach 1963 auf die Mulis verzichten, als die Alpenvereins-Sektion Allgäu-Kempten eine Materialseilbahn zur Hütte baute. 1966 übernahmen Fanny und Heinrich Geißler offiziell die Bewirtschaftung, von der sich Franz Kaufmann schon Jahre zuvor in zunehmendem Maße zurückgezogen hatte. 1988 setzte sich Heinrich Geißler mit seiner Frau Fanny in Oberstdorf zur Ruhe.

Fanny Geißler, geborene Kaufmann, kam am 28. Dezember 1922 in Oberstdorf zur Welt. Ihr Vater Franz Kaufmann, der seit 1908 die

Fanny Geißler

Rappensee-Hütte bewirtschaftete, nahm Fanny schon als Kind mit auf die Hütte. Fanny half zunächst während der Schulferien bei der Bewirtschaftung, seit 1939 den ganzen Sommer lang. 1954 heiratete sie Heinrich Geißler aus Fischen, der zum Personal von Vater Franz Kaufmann gehörte. Als sich der damals 80-jährige Wirt endgültig von der Hütte zurückzog, hatten Heinrich und Fanny Geißler den Betrieb schon übernommen. 50 Sommer lang verbrachte die Oberstdorferin in dem Haus der Sektion Allgäu-Kempten, bis sie sich 1988 mit ihrem Mann zur Ruhe setzte. Eine 80-jährige, im Alpenraum wohl einmalige Familientradition ging zu Ende.

Fanny und Heinrich Geißer (von links) zusammen mit Pepi vor ihrem Haus in Oberstdorf

Pepi Kaufmann

Pepi Kaufmann, geboren am 11. April 1921 in Oberstdorf als älteste Tochter des legendären Hüttenwirts Franz Kaufmann, durfte schon im Alter von gut einem Jahr mit dem Vater hinauf zur Rappensee-Hütte. Als Franz Kaufmann einmal über der Abrechnung saß, fiel ihm das aufgeregte Pfeifen der Murmeltiere auf. Er lief hinaus zu dem Kind, das vor der Hütte im Sand spielte. In der Luft kreiste ein Adler. Kaufmann erinnerte sich daran, dass im Walsertal ein Kind spurlos verschwunden, vermutlich von einem Adler geholt worden war. Seitdem musste Pepi und später auch ihre Schwester Fanny im Tal bleiben, bis beide schulpflichtig waren. Nach der Schulzeit verbrachte Pepi Kaufmann 1937 den ganzen Sommer auf der Hütte. Anschließend hatte sie nur im Herbst Zeit, den Vater oben im Gebirge zu besuchen. Denn inzwischen kümmerte sich die junge Dame aus Oberstdorf um die Versorgung der Hütte. Bis 1988 arbeitete Pepi Kaufmann als unentbehrliches „Bodenpersonal“ für Schwester Fanny und Schwager Heinrich, die derweil Oberstdorfs größtes „Hotel“ in 2091 Meter Meereshöhe bewirtschafteten.

Pepi Kaufmann wie seit Jahrzehnten auf ihrem Fahrrad

Rappensee-Hütte (2091 m)

Die höchstgelegene Schutzhütte in den Allgäuer Alpen ist die Rappensee-Hütte auf 2091 Meter Seehöhe. 2218,66 Mark musste die Alpenvereins-Sektion Allgäu-Kempten berappen, ehe die Hütte am 26. Juli 1885 eingeweiht werden konnte. In den ersten Jahren kehrten allenfalls ein paar Dutzend Bergfreunde in der kleinen Holzhütte ein. Inzwischen sind es jährlich rund 15000 Menschen, in der Hochsaison nicht selten über 500 am Tag.

Die rapide angewachsene Beliebtheit ist nicht zuletzt darauf zurückzuführen, dass der Wegmacher Ulrich Klein aus Oberstdorf-Rubi 1898/99 den „Heilbronner Weg“ herstellte, das weithin bekannte „Glanzlicht“ der Allgäuer Höhenwege. Die Hütte ist seitdem Ausgangspunkt für diese 3,2 Kilometer lange Tour bis zur Bockkarscharte, dem Abstieg zum Waltenberger-Haus.

Bis 1963 wurde die Hütte mit Mulis versorgt, die Verpflegung und Material vom Rappenalptal hinauftrugen. Seitdem gibt es eine Materialbahn.

Die Rappensee-Hütte ist eng verbunden mit dem Namen Franz Kaufmann und seiner Familie, die die Hütte von 1908 an 80 Jahre lang bewirtschaftete. Nachfolger ist Reinhard Gartenmeier. Die Rappensee-Hütte erreicht man über Einödsbach und die Enzian-Hütte oder durch das Rappenalptal von der Schwarzen Hütte aus durch den Körbertobel.

Die Rappenseehütte

Pepi Kaufmann

Ein Rucksack voller Geld

Es war 1937, nach meiner Schulzeit, als ich das erste Mal den Vater hinauf zur Rappensee-Hütte begleiten durfte, um mit ihm den Bergsommer dort droben in 2091 Meter Höhe zu verbringen. Stürmische Zeiten im Hitler-Deutschland damals, kurz vor dem Anschluss Österreichs ans Deutsche Reich. In Oberstdorf war Ernst Zettler drei Jahre zuvor zum Bürgermeister bestimmt worden, ein Zöllner, der später eine sehr gehobene Position bekommen sollte. Zettler verfügte damals, dass die sogenannte „1000-Mark-Sperre" selbst im hintersten Winkel der Allgäuer Alpen gelten sollte. Diese „1000-Mark-Sperre" – warum sie so genannt wurde, weiß ich gar nicht mehr – verbot jedem Deutschen, beim Grenzübertritt nach Österreich mehr als zehn Mark Bargeld mitzunehmen, höchstens 100 Mark im Monat. Außerdem wurde ein Visum Pflicht, vermutlich um die Österreicher in die Knie zu zwingen vor dem „großen Bruder“.

Zollvorsteher Zettler hatte also angewiesen, dass die „1000-Mark-Sperre“ und die Visumpflicht auch für die Bergsteiger auf dem Heilbronner Weg gelten sollte, der an einigen Stellen zwischen Rappenseehütte und Kemptner Hütte auf österreichischem Gebiet verläuft.

Die Hütte war kaum geöffnet, als schon zwei Zöllner bei uns Quartier bezogen, um die Bergsteiger zu kontrollieren. Bis Saisonschluss im Oktober sollten sie bei uns stationiert sein.

Selbstverständlich hatten die Gäste durchwegs mehr Geld bei sich als die erlaubten zehn Mark. Und längst nicht alle besaßen ein Visum. Es gab Szenen... Nach einigen Debatten mit den Zöllnern blieb nur eine Lösung: Die Leute mussten ihr übriges Geld bei uns abliefern und erhielten dafür eine Quittung. Gegen Vorlage der Quittung zahlte man ihnen das Geld auf dem Waltenberger-Haus oder auf der Kemptner Hütte zurück. Auch dort waren inzwischen Zollbeamte stationiert.

Jeden Morgen bin ich um fünf Uhr aufgestanden. In dem kleinen Zimmer 7 saß ich dann mit dem Zöllner an einem Tisch. Am Abend zuvor hatte ich das Geld eingesammelt und schrieb nun die Quittungen raus, während der Zöllner die Pässe kontrollierte.

So begab es sich eines Abends, dass Gäste vom Waltenberger-Haus über den Heilbronner Weg bei uns auf der Rappensee-Hütte eintrafen und von dort ausrichteten, das Geld sei ausgegangen. An diesem Tag waren offenbar mehr Bergwanderer in die eine Richtung gelaufen, als von dort herüber. „Ma sott a Geld bringe", lautete die Nachricht der Kollegen.

Eigentlich wäre dies die Aufgabe der Zöllner gewesen. Aber die hielten sich bedeckt. Mein Vater packte schließlich einen Rucksack voll Geld und lief noch am Abend über den Heilbronner Weg zum Waltenberger-Haus. Ich durfte ihn begleiten. Am nächsten Morgen erst kehrten wir wieder heim.

Bedienung schreibt Visum

Dort herrschte schon wieder Aufregung wegen der Visumpflicht. Es war bedrückend. Eine Familie aus Hamburg klagte herzergreifend: „Unseren Buben haben wir seit langem den Heilbronner Weg versprochen, und jetzt dürfen wir nicht drüber." Die Hamburger waren längst nicht die einzigen, die unser Mitgefühl erregten.

Besonderes Mitleid mit diese „Härtefällen“ empfand eine unserer Bedienungen. Sie nahm kurzerhand die unvollständigen Pässe und schrieb vor einen x-beliebigen Stempel: „Gültig auch für Reisen nach und durch Österreich“.
„Das darfst du nicht“, warnten wir sie.
„Des spannt doch koiner“.
Viele Bergwanderer sind dank eines solchen handgefertigten Sichtvermerks unserer Bedienungen in den Genuss des Heilbronner Wegs gelangt.

Bettelarme Lechtaler

In jenem Sommer 1937 bin ich mit dem Vater an einem ruhigen Tag ins Lechtal gelaufen zum Holzgauer Haus. Dort wollten wir was essen. Der Wirt bedauerte: „Wir haben kein Fleisch. Die ganze Woche kam nicht ein einziger Gast – wegen der 1000-Mark-Sperre.“

Das Obere Lechtal war zu dieser Zeit noch nicht erschlossen. Die Bewohner waren bettelarm. Eines Tages kam der Pfarrer von Warth mit einer Gruppe von Bergwanderern zu uns auf die Hütte. Als ihm der Vater was zu trinken brachte, bat der Pfarrer um eine Gabel. Aus dem Rucksack holte er ein Päckchen. In Pergamentpapier eingewickelt hatte er ein wenig Kaiserschmarren mitgebracht zur Brotzeit: „Bei uns stirbt keiner, bei uns heiratet keiner. Da muß ich als Bergführer dazuverdienen.“

Bis zum Krieg hatte die Bevölkerung im Oberen Lechtal übrigens nach Oberstdorf sehr enge Verbindungen. Im Winter waren die Leute meist eingeschneit. Der einzig offene Weg führte über den Schrofenpass ins Rappenalptal nach Oberstdorf. Damals war der Weg über den Pass noch mit Handkarren zu befahren. Die Lechtaler brachten Wolle nach Oberstdorf und nahmen Zucker und andere Vorräte mit heim. Ich weiß von Plänen, durch das Rappenalptal eine Straße zu bauen über den Schrofenpass ins Obere Lechtal. Gelegentlich waren damals Sprengungen zu hören als erste Vorbereitungen auf den Ausbau.

Fanny Geißler

Sündige Niederungen

Der Zoll war in Oberstdorf schon lange stark vertreten. Die drei alten Gemäuer, die heute noch in der Birgsau stehen, sind alte Zollhäuser, die vor dem Zweiten Weltkrieg von Wehrmacht und SS übernommen worden waren. Nebenan errichteten sie zusätzliche Baracken. Das nannte sich „Wehrertüchtigungslager". Wir sagen: „Da hant sich die SSlar pelzet". Nebenzu wurden 15jährige Buben der Wehrertüchtigung unterzogen.

Im Sommer durften wir auf der Rappensee-Hütte in jedem Monat nur zwei Wochen lang Bergsteiger bewirten. Die übrigen zwei Wochen war die Hütte beschlagnahmt von der SS. Lehrkräfte hielten Unterricht und alpine Ausbildung. Die Offiziere, die in den alten Zollhäusern wohnten, hatten im Tal ein „Etappenlager" eingerichtet. Die Baracke wurde zu einer „sündigen Niederung“. Dort hatten die Herren gewisse Damen einquartiert, und nicht bloß eine. Der Besucherverkehr war offenbar streng geregelt. Die Unteroffiziere durften jedenfalls nur an einem Tag in der Woche hinab.

Ein Feldwebel mit Glasauge ist mir unvergesslich. Wenn er in der Etappenhütte war, legte er sich am anderen Morgen bei uns ins Gras vor dem Küchenfenster und schlief bis mittags. Wir sind dann heimlich hinaus, um ihn anzuschauen. Das Glasauge stand im Schlaf nämlich offen. „Aha, heit war er wieder fut.“

Wochenweise in Beschlag

Vor der SS hatten schon die Jäger der Wehrmacht die Rappensee-Hütte wochenweise in Beschlag. Jedesmal zog eine Truppe von 180 Mann zu uns herauf. Wir mussten kochen und saubermachen. Wenn die Jäger oder die SSler kamen, hatte jeder der 180 Männer ein „Trumm“ Proviant im Rucksack.

Im Keller räumten wir ein Zimmer aus, wo die Vorräte ausgeladen und gesichtet wurden. Es war schon lustig: Ein Riesenhaufen Proviant und mittendrin zum Beispiel die aufgeweichten Margarinebecher, die mit spitzen Fingern aus den Rucksäcken herausgezogen wurden. Und das alles hätten wir zum Kochen hernehmen sollen.

Eigentlich hat man uns damals schlecht versorgt. In einem Kurs gab es nur Einerlei zum Essen. Dabei gaben wir uns alle Mühe. Im großen Waschkessel kochten wir Suppe für 180 Mann. Riesige Töpfe hatten sie angeschleppt, „sellene Häfe“. Ich musste auf einen Stuhl klettern, um mit dem Löffel hineinlangen zu können. Am schlimmsten war das Ausschöpfen in die Feldgeschirre. In einen Schöpflöffel passte gewiss ein halber Liter.

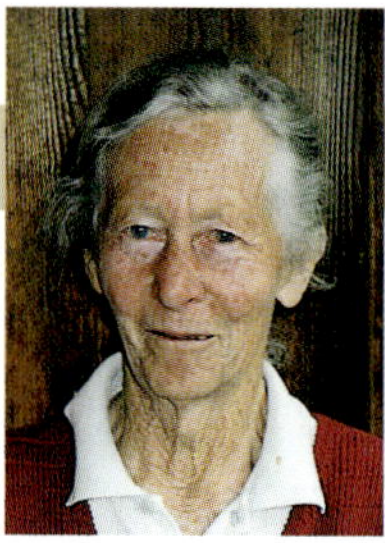

Pepi Kaufmann

Bierlache im Keller

Gegen Ende des Krieges wurden in dem SS-Lager in der Birgsau KZ-Häftlinge untergebracht mit verschiedenfarbigen Dreiecken auf ihren Monturen. An den Farben hat man erkennen können, ob einer „kriminell“ oder „weltanschaulich“ eingesperrt war. Als Häftlinge am Ende des Krieges freikamen, fielen einige auf der Hütte ein. Ein mehrfacher Mörder verschanzte sich längere Zeit dort oben. Andere Häftlinge suchten ihn, weil der Mann wirklich eingesperrt gehörte.

Derweil waren die Franzosen in Oberstdorf eingezogen. Der Ort war abgeriegelt. Wer über die Loretto-Kapelle hinaus wollte, brauchte einen Passierschein. Mein Vater erhielt den Auftrag, die Alphütten mit Proviant zu versorgen. Deshalb gaben ihm die Franzosen einen Passierschein: Freie Fahrt bis in die Täler. Aber eben nur bis dorthin.

Der Vater wollte aber hinauf zur Rappensee-Hütte, um nachzuschauen. Doch die Franzosen warnten ihn: Versprengte SSler trieben dort noch ihr Unwesen. Er solle warten, bis ihn französische Soldaten begleiten. Aus irgendeinem Grunde verzögerte sich die Abstellung eines Begleitschutzes. Weil mein Vater immer wieder darauf drängte, bekam er schließlich die Erlaubnis auch für Fanny und mich, zur Hütte aufzusteigen.

Nach dem Krieg waren wir die ersten „offiziellen" Besucher. Einen Schlüssel brauchten wir nicht. Das Haus war total verwüstet: Nicht nur die Fensterstöcke waren herausgerissen, son-dern auch die Türstöcke. In die dicke Kellertüre hatte man ein Loch geschlagen. Die Kohlen, unter denen wir Vorräte versteckt hatten, waren umgegraben. An den Fässern hatten sie die Spuntlöcher eingeschlagen und das Bier laufen lassen. Der Wein war restlos leergetrunken.

Irgendwann erfuhren wir, dass vermutlich Walser Bergführer eine Horde marokkanischer Soldaten zur Hütte geführt hatten. Diese Truppe hatte dort richtig gesaut. Der Wirt von Einödsbach erzählte später, dass die Franzosen heilfroh gewesen seien, als sie die total besoffenen Marokkaner von der Hütte ins Tal gebracht hatten. Die mussten ihre eigenen Solaten mit Gewehren in Schach halten.

Nur fünf Löffel übrig

Bei diesem ersten Besuch nach dem Krieg nächtigten wir im Nebengebäude. In der Hütte war alles kaputt. In den Schränken fand sich kein Glas mehr. Nur noch fünf Löffel waren übrig – und das in einer Zeit, als es überhaupt nichts zu kaufen gab. An Schlaf war nicht zu denken. Rund um die Hütte hörte man die ganze Nacht über ehemalige Häftlinge mit Leuchtkugeln schießen.

Am Morgen beim Abstieg kam uns ein Trupp Italiener entgegen, die ihre Uniformen zum Teil schon gegen Zivilkleider getauscht hatten und auf dem Weg waren über die Alpen in Richtung Heimat. Wir drückten uns ins Gras, um unentdeckt zu bleiben.
Drunten in Oberstdorf hatten die Franzosen schließlich die meisten SSler eingefangen. Verhaftet wurden auch die Soldaten, die schon aus dem Krieg heimgekehrt waren. Den versprengten SSlern sagt man übrigens nach, sie hätten den Weg am Schrofenpass gesprengt, um Verfolger abzuschütteln.

Weil mein Vater beim Heimatschutz war, ließen ihn die Franzosen unbehelligt. Als die Gefangenen schließlich abgeführt wurden, marschierte der Zug durch Oberstdorf – an uns vorbei. Der Feldwebel mit dem Glasauge, der gelegentlich unter unserem Küchenfenster geschlafen hatte, winkte aus einer Gruppe zu uns rüber. Mein Vater wunderte sich kaum noch: „Der hat mein ganzes Gwand an, den Kittel, Hosen, alles." Seine Uniform hatte er offenbar auf der Hütte gegen passendere Kleidung eingetauscht.

Fanny Geißler

Dreimal abgespeist

Nach dem Krieg dauerte es nicht lange, bis die Bergfreunde wieder ins Gebirge drängten. Bald war die Rappensee-Hütte im Sommer überfüllt, weil die Leute ja noch nicht ins Ausland durften zum Bergsteigen.

Bis 1948 wurde die Versorgung mit Marken geregelt. Kartoffeln und Gemüse waren frei. Pepi hatte unten im Tal ein Pferd, mit dem sie jeden Morgen die Gemüseläden der Umgebung abklapperte. Sie nahm alles mit, was zu haben war: Gelbe Rüben, Kartoffeln, Salat. Das alles lud sie ins Wägele und ließ die Vorräte am nächsten Tag ins Rappenalptal bringen. Von dort transportierten Mulis die Säcke hinauf zur Hütte.

Ein Muli erhielt damals den Namen „Saft-Max“, der andere hieß „Kohlen-Max“. Dem einen hat man die Kübel aufgeladen mit dem Saft aus Molke. Der schmeckte widerlich, aber es gab nichts anderes. In diesen Jahren mussten den Sommer über schon 80 bis 100 Zentner Kohlen sowie 15 bis 20 Ster Holz vom Tal zur Rappensee-Hütte hinauf geschafft werden.

Dabei hatten wir es noch besser als viele andere. Weil wir so viele Übernachtungen vorzuweisen hatten, erhielten wir über den Alpenverein gesonderte Zuteilungen. Auf diesem Wege gelangten wir an Erbsmehl, Nudeln, Haferflocken und sogar an Schokoflocken.

Mit Marken zahlen

Der Zustrom nahm überhand. Mittags konnten wir nur noch Suppe ausgeben. Abends standen zwei Essen zur Auswahl: eins markenfrei und eins mit Marken. Beim Zahlen mussten die Bedienungen die Marken abschneiden. Fettmarken, Fleischmarken und Nährmittelmarken.

In der Hochsaison wurde am Abend dreimal „abgespeist". Die erste Gruppe kam um halb sechs. Anschließend sperrten wir den Saal zu. Die Bedienungen gingen hinaus und nahmen die Bestellungen auf. Nach dem Essen sammelten wir das Geschirr ein, um in der Küche sofort zu spülen, während im Saal kassiert wurde. Die

Leute ließ man auf der anderen Seite der Stube hinaus. Vorne durfte dann der zweite Schwung eintreten. Beim dritten Schub haben sich auch welche von denen angestellt, die beim ersten Mal schon gegessen hatten.

Bis nachts um halb zwei saßen wir in der Küche und klebten die Marken auf. Wenn wir die Marken nicht am nächsten Morgen ins Tal gebracht hätten, wäre Pepi bald auf dem Trockenen gestanden. Alle paar Tage radelte meine Schwester mit dem Fahrrad zum Landratsamt nach Sonthofen, um Berechtigungsscheine zu holen.

Heinrich Geißler

Eingeschneit

Es war im Oktober 1958. Wir waren auf der Rappensee-Hütte acht Tage lang eingeschneit. Am Donnerstag stand noch in der Zeitung, dass am Wochenende bei uns oben eine Bergmesse stattfinden sollte, und zwar bei jedem Wetter.

Am Samstag in der Früh ging ich deshalb mit einer Schaufel hinunter in Richtung Enzian-Hütte, um den Weg zu richten. Aus einem leichten Schneegestöber entwickelte sich plötzlich ein gewaltiger Sturm. In den Bäumen und an den Felsen heulte ununterbrochen der Wind. Die Mulis waren gerade auf dem Weg ins Tal. Ich begleitete sie bis zur Schwarzen Hütte im Rappenalptal, unserer Etappenstation.

Dort gab es nur eins: absatteln und rein in die Hütte. Ich begegnete einem Ehepaar, das unbedingt hoch wollte. Ohne meine Schaufel hätten wir den Aufstieg zu dritt nicht mehr geschafft.

Mit 300 Personen hatten wir zur Bergmesse am Sonntag gerechnet. Ein Schwein war gemetzget. Der Jäger hatte einen Hirsch geliefert. Für ein Festmahl lagen Leber- und Brätknödel bereit. Die beiden Begleiter sollten allerdings an diesem Wochenende die einzigen Gäste bleiben. Hüttenwirt Franz Kaufmann nahm's gelassen: „Esset und trinket, was ihr wollt. Es kostet euch keinen Pfennig. Es ist genug da." Das Ehepaar war heilfroh, als sie am Sonntag im hohen Schnee den Abstieg schafften. Ich begleitete sie noch bis zum Mußkopf, sonst hätten sie den Weg nicht mehr gefunden.

Damals gab es auf der Hütte noch keinen Funk, und die Materialbahn wurde erst 1963 gebaut. Eine Verständigung zwischen Tal und Hütte gab es nicht. Pepi unten in Oberstdorf hatte keine Ahnung, wie es bei uns oben aussah. Der Vater ließ sich durch den Schneesturm nicht aus der Ruhe bringen: „Was habt ihr denn? Zum Essen und Trinken ist genug da. Irgenwann hört's schon wieder auf."

Aber es schneite die ganze Woche lang. Das gesamte Personal war noch auf der Hütte. Bei Pepi in Oberstdorf gingen besorgte Anfragen aus

Niederbayern, Regensburg, aus der Holledau und aus Weiler ein. Eine Bedienung bekam eine Blinddarmreizung. Meine Frau Fanny war schwanger mit unserer Monika. Pepi schickte jeden Tag unseren Fuhrmann ins Rappenalptal. Das Gespann kämpfte sich vor wie bei einer Expedition. Aber es gab kein Durchkommen. Daheim hat Pepi „bibberet“, ob der Fuhrmann überhaupt heil zurückkommt. Inzwischen lagen drei Meter Schnee, lockerer Schnee, der wie ein Berg Zucker nachrieselte, wenn man einen Weg bahnen wollte.

Aufatmen

Auf der Hütte saßen insgesamt 15 Menschen fest – eingeschneit. Mit der Zeit ging man sich buchstäblich auf die Nerven. Wie zur Erlösung blinzelten am Samstag morgen Sonnenstrahlen zum Fenster herein. Ein strahlend schöner Tag brach an. Warmer Föhn ließ aufatmen. An der Oberfläche wurde der Schnee schwer und pappig. Am Boden war er längst geschmolzen, so dass man bei jedem Schritt durchsackte.

Wir mussten schaufeln und einen breiten Weg ausstechen, um mit einem Schlitten den Abstieg zu versuchen. Inzwischen waren von Oberstdorf ein paar Freiwillige ebenfalls mit Schlitten zu uns aufgestiegen. Fix und fertig kamen sie an der

Bei der Einweihung des neuen Winterraums: Eugen Ehlers (von links), Fanny Geißler, Dr. Erich Knoll und Heinrich Geißler.

Der erste Aufstieg im Frühjahr ist geschafft. Fanny und Heinrich Geißler begrüßen die neue Saison mit einem Enzian.

Hütte an. Am nächsten Morgen, am 25. Oktober 1958, entschieden wir uns zum Aufbruch. Auf die Schlitten luden wir das nötigste Gepäck. Es war schlimm. Bei jedem Schritt sanken wir bis zum Bauch ein. Mit viel Mühe zog man einen Fuß aus dem Schnee und sank beim nächsten Schritt wieder tief ein. Von der Rappensee-Hütte bis ins Tal benötigten wir schließlich sechs Stunden.

Adler macht Beute

Am schlimmsten erging es unseren Geißen. Mit ihren kleinen Hufen stießen sie immer wieder durch die Schneeoberfläche und konnten sich nicht mehr rühren. Bei jedem Schritt liefen sie Gefahr, sich die Knochen zu brechen. Wir zogen sie heraus und warfen sie mit Schwung den Hang hinunter. Der Geißbock hat nicht erkannt, dass es um sein Leben ging. Er drehte sich immer wieder um und ging mit seinen Hörnern auf uns los – auf uns und seine „Damen“. Wir sahen unterwegs Hirsche, die im Schnee steckten und nicht mehr herauskamen. Einem Jungtier hatte der Adler bei lebendigem Leib den Rücken aufgerissen.

Etwa auf dem halben Weg, an der Mittleren Rappenalpe, legte der Tross eine Pause ein. Der Schnee war inzwischen weniger geworden. Die

Männer zogen mit den vollgepackten Schlitten weiter zur Schwarzen Hütte und kehrten mit leeren Schlitten wieder zu den Frauen zurück. Da wollten wir die Geißen drauf festbinden. Aber den Strick konnte man sich sparen. Die Tiere waren so erschöpft, daß sie von selbst liegenblieben wie nasse Säcke.

Allein in der Finsternis

Als wir nach sechs Stunden endlich die Schwarze Hütte unten im Talgrund erreicht hatten, herrschte Finsternis. Ein Fuhrwerk war nicht bis hierher durchgekommen. Wir blieben auf uns allein gestellt. Franz Kaufmann mit seinen 72 Jahren wollte unbedingt laufen, ebenso die Mutter mit ihren 73 Jahren. Erst nach einigem Zureden setzten sich die beiden schließlich auf einen Schlitten und ließen sich ziehen. Seit dieser Nacht klagte Franz Kaufmann über Ischias.

An der Stelle, wo der Weg von der Petersalp einmündet, stutzten wir: „Da liegt doch was im Schnee." Als wir näher kamen, hörten wir Laute. Es war das Fuhrwerk vom Schwegler Max. Er hatte schon am zweiten Tag des Schneesturms mit seinen Tieren von der Linkersalpe bis zur nächsten Hütte über zwölf Stunden gebraucht. Einen Tag darauf hatte er versucht, weiter abzusteigen, dann aber umkehren müssen. Jetzt war es offenbar geschafft. Aber von ihm selbst keine Spur.

Als wir das Fuhrwerk erreichten, wurde es in dem Karren sehr lebendig: 13 oder 14 Sauen steckten dort drin und zwei Geißböcke. Auf unseren Schlitten hatten die Tiere keinen Platz. Wir mußten weiter nach Birgsau, wo wir nachts um zehn Uhr ankamen. Im Gasthaus saß der Schwegler Max.
„Du, deine Viecher schreien in dem Karren."
„Ich kann nicht mehr."
Dazu muss man wissen: Max war damals ein Bär von einem Mann. Wenn der metzgerte, lupfte er eine Zwei-Zentner-Sau übers Törle. Jetzt war er am Ende seiner Kräfte.

Nie im Hubschrauber

Unser Tross erreichte schließlich um Mitternacht das Haus in Oberstdorf. In der Zeitung wurde Franz Kaufmann später so zitiert: „Uns wollte man schon mit Hubschraubern holen. Aber die wussten, dass ich so ein Ding nicht besteige. Und so ein richtiger Hüttenwirt muss imstande sein, mit solch einer Lage aus eigener Kraft fertig zu werden."

Als wir 30 Jahre später, im Oktober 1988,

endgültig Abschied feierten von der Rappensee-Hütte, stieg Alfred Milz zu uns hoch. Er war 1958 unser Muli-Treiber. „Euren letzten Abzug muss ich filmen. Ich muß immer noch dran denken, an damals, vor 30 Jahren.“

Mitte der 60er Jahre wurden wir noch einmal von Schnee überrascht. Damals saßen nur noch Fanny und ich auf der Hütte. Wir hatten schon ein Funkgerät, und die Seilbahn war in Betrieb. Georg Einsiedler und Franz Mang, die Hüttenreferenten vom Kemptener Alpenverein, hatten sich angesagt. Sie wollten morgens um 9 Uhr an der Talstation der Seilbahn sein, um uns zu helfen. Die Wasserleitung war schon abgeklemmt, als uns ein Funkspruch erreichte: „Wir sind mit Ski im Rappenalptal und werden vor 11 Uhr nicht hinten sein.“

Zwei Stunden für 30 Meter

Um oben die Materialseilbahn zu erreichen, schaufelte ich einen Weg. Vom Haupthaus bis zum ehemaligen Mulistall brauchte ich eine Stunde, bis zur Bahn zwei Stunden. Ingesamt sind das gerade mal 30 Meter. Stück für Stück mußte ich erst stapfen, weil die Schneemassen so locker waren.

Die Kemptener Helfer fuhren in der Materialkiste mit ihren Ski zur Hütte. Fanny und ich waren im Frühjahr wie immer zu Fuß aufgestiegen. „Wir haben doch noch alte Ski von der Wehrmacht“, erinnerte sich meine Frau. Im Holzschuppen fanden wir die Bretter. Die 2,10 Meter langen Ski waren für Fanny natürlich nicht geeignet. Nach einigem Suchen entdeckten wir tatsächlich noch ein Paar kürzere.

Keine Lust zu feiern

Normalerweise wird am Abend vor dem Abzug auf der Hütte kräftig gefeiert. An diesem Abend stand uns nicht der Sinn danach: Im Saal mußten die uralten Ski hergerichtet werden. Aber erst am nächsten Morgen stellte jemand fest: „Auf deinen Ski ist ja ein Belag drauf.“ Es war Klister-Wachs. Während die anderen in Serpentinen zur Kreuz-Kuppe aufstiegen, wo die Abfahrt ins Tal beginnt, konnte ich mit riesigen Stollen unter den Ski „bolzengrad“ vorlaufen. Bei der Abfahrt kam ich selbst in Schussfahrt nicht voran. Deshalb zog ich die Ski aus und klopfte die Stollen samt den Klisterresten ab. Got tsei Dank hatten die anderen Gleitwachs dabei. Dann ging es zügig bergab.

Dieses Erlebnis gab den Ausschlag dafür, dass wir die Hütte nie mehr bis Ende Oktober offen hielten, sondern schon früher ins Tal abstiegen.

So ein Abzug ist für den Hüttenwirt irgendwie ein wichtiger Tag, wichtiger als Weihnachten oder Silvester. Der erste Aufstieg und der Abzug teilte unser Jahr in zwei Hälften. Wenn wir nach vier Monaten Bergsommer die Rappensee-Hütte verließen, war das früher wie ein kleiner Viehscheid. Dabei trieb man die Geißen mit zurück ins Dorf. Am nächsten Morgen hieß es dann in der Schrofengasse bei den Bauern: „Dr Kaufmann isch abzoge. D'r Geißbock schmeckt ma."

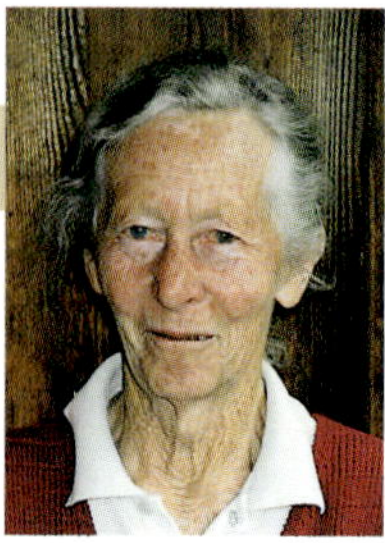

Pepi Kaufmann

Schlawuzzis

Das Funkgerät ist heutzutage eine große Erleichterung. Früher schrieb meine Schwester Fanny oben auf einen Zettel, was am nächsten Tag alles gebraucht wird. Mit dem Zettel stieg die Muli-Karawane ins Tal zur Schwarzen Hütte, die wir vom Forstamt gepachtet hatten als Umschlagstation. Bis dorthin nämlich konnte unser Fuhrwerk fahren. Von Oberstdorf sind das 17 Kilometer – einfach. An der Schwarzen Hütte wurden Post und Ladung gewechselt. Das Pferdegespann benötigte dann auf dem holprigen Alpweg nochmals vier Stunden zurück nach Oberstdorf. Die Lieferungen rollten täglich.

Nur sonntags war Ruhetag. Wenn Fleisch oder Bier zur Hütte transportiert werden mussten, brach das Pferdegespann schon um 3.30 Uhr auf. Sonst wäre die verderbliche Ware in die Hitze

Ehe 1963 die Materialbahn zur Rappensee-Hütte gebaut wurde, trugen Mulis die Lasten zur Hütte. Heinrich Geißler (Bild unten) stand in Diensten des legendären Hüttenwirts Franz Kaufmann, ehe er dessen Tochter heiratete und später selbst Wirt wurde.

geraten. Wenn sich unser Kutscher mit den Mulitreibern an der Schwarzen Hütte traf, lud man den Proviant um. Das Gespann kehrte normalerweise am Nachmittag zurück. Wenn man aber gerade wieder mal einen „Schlawuzzi“ als Fuhrmann eingestellt hatte, konnte es auch passieren, dass er in der Birgsau beim Bier verhockte. Der kam dann gerade eine Viertelstunde vor Ladenschluss in Oberstdorf an, und ich musste mich sputen, um die Einkäufe zu erledigen. Das hat mich immer furchtbar geärgert.

Nach dem Einkauf wog ich die Waren und teilte sie auf, damit die Mulis am nächsten Tag ausgeglichen beladen werden konnten. Wenn Gewichtskapazitäten frei waren, gab ich Briketts mit, Mulifutter oder Getränke, die immer gebraucht wurden.

Beim Umladen an der Schwarzen Hütte wußten die Mulitreiber gleich, welche Ladung zu welchem Tier passte. Ein Muli zum Beispiel mochte es nicht, wenn die Kiste klappert. Das Gewicht links und rechts musste ausbalanciert werden. Es macht nämlich einen großen Unterschied, ob ein Zentner Gewicht aus einem kleinen Paket oder einer großen Kiste besteht. Erst als 1963 die Materialseilbahn zur Rappensee-Hütte gebaut wurde, nahm das Muli-Zeitalter ein Ende.

Ihre letzte Tat war der Transport der Stützteile, die ein Hubschrauber am Kreuz-Buckel abgeladen hatte. An den Trägern wurden Räder montiert und ein Tier davorgespannt.

„Eselsdoktor“

Als die Mulis ausgedient hatten, bekam eins daheim in Oberstdorf sein Gnadenbrot. Sieben Jahre später stand Stopsi immer noch am Zaun vorne an der Straße und bettelte. Das war ein richtiges Schlitzohr. Kurgäste freuten sich: „Euer Muli wird so viel fotografiert wie der Kölner Dom.“ Stopsi hätte wahrscheinlich noch lange gelebt, wenn ihm nicht ein Kropf gewachsen wäre. Wenn er den Kopf senkte zum Fressen, bekam er keine Luft mehr. Dann wurde ihm schwindlig, und er fiel um. Unser Hausarzt, der Doktor Lohmüller, hat gesagt, er würde Stopsi eigentlich ohne weiteres am Kropf operieren, „wenn mir's nicht ums Gschwätz wär“. Er wollte nicht, dass man zu ihm „Eselsdoktor“ sagt.

Heinrich Geißler

Anzug verschimmelt

Zur Erinnerung an die Hüttenversorgung mit Mulis gehört natürlich auch eine Geschichte von Muli-Treibern, die manchmal genauso große Schlitzohren waren wie die Mulis selbst. Bevor ich Hüttenwirt wurde, habe ich nach dem Krieg selbst als Treiber angefangen und kann deshalb ein Lied davon singen.

Ein typischer Vertreter dieser Zunft war Ende der 50er Jahre unser Heini vom Oberlech. Bei all seinen Eskapaden gab er sich so charmant, dass wir ihm nicht böse sein konnten. Die Jahre unserer Zusammenarbeit und unserer Bekanntschaft sind zudem typisch für die Entwicklung, die das obere Lechtal nach dem Krieg genommen hat.

Heini war fast noch ein Bub, als er von daheim

zu uns kam. Vermutlich ist er wegen Alimente-Forderungen von zu Hause abgehauen. Zwei Jahre lang kehrte er nicht mehr zur Familie zurück. Im zweiten Jahr überkam ihn dann doch das Heimweh.

„Dann gehst halt am Samstag, und am Sonntag kommst wieder“, zeigte sich unser Vater verständnisvoll. Derweil kümmerte ich mich um die Mulis. Am Montag war von Heini immer noch nichts zu sehen, am Dienstag nichts, und erst am Mittwoch stand er plötzlich in der Türe mit einer Entschuldigung: „Ich wollte Kaffee mitbringen, aber der Zöllner hat mich erwischt und drei Tage lang eingesperrt.“ Er nahm sich einen Teller Eintopf und legte sich auf eine Holzpritsche zum Schlafen.

„Dem erzähl ich was“

Der Vater zürnte: „Der Zöllner weiß doch genau, dass wir ihn brauchen. Dem erzähl ich was, wenn er das nächste Mal kommt.“

Ein paar Tage später kam jener Zöllner aus Österreich tatsächlich zu uns auf die Hütte. Der gute Mann war noch nicht ganz oben, als der Vater schon tobte: „Wie kannst du unseren Heini einsperren? Du weißt doch, dass wir ihn brauchen. Heute gibt's nichts zu trinken.“

Der Zöllner fiel aus allen Wolken. Und dann erzählte er eine ganz andere Geschichte: Unser Heini hatte tagelang bei einer Bedienung im Tiroler Haus gelegen und zum Abschied den Geldbeutel mitgehen lassen. Diese Version klang plausibel, zumal sich Heini nicht getraute, im folgenden Winter ins Lechtal zurückzukehren.

Fürchterlich gesoffen

Im nächsten Sommer mussten die Mulis mitten in der Saison neu beschlagen werden. Vor dem Abmarsch holte sich Heini aus dem Schrank heimlich meinen neuen Anzug und die neuen Schuhe, die ich mir wie jedes Jahr vor der Saison hatte anfertigen lassen. Während die Tiere beschlagen wurden, muss unser Treiber fürchterlich gesoffen haben. Mit meinem neuen Anzug fiel er in irgendeinen Graben. Im Herbst jedenfalls fand ich meinen neuen Anzug völlig verdreckt und verschimmelt in einem Schrank hängend.

Der Ausflug nach Oberstdorf hat ihn so mitgenommen, dass er anschließend bei der Arbeit schier einschlief. Als er die Mulis putzte, fiel ihm alles aus der Hand. Ich schaute mir das Theater eine Zeitlang an, und dann kippte ich ihm einen Kübel Wasser über den Kopf. „Du Feigling", war sein einziger Kommentar.

Zwei Jahre später besuchte er uns in Oberstdorf. Als feiner Maxe kehrte er zurück. Denn inzwischen war er Skilehrer geworden. Heini kannte immer noch den Platz, wo wir die Zigarren aufbewahrten. Wir saßen gerade bei einer Brotzeit, als er in die Stube kam und mir einen Stumpen anbot. Ich dachte mir noch, „das sind die gleichen, die wir immer haben“. Später stellte sich heraus, dass er im Schuppen sämtliche Zigarren geholt und mir großzügig eine davon angeboten hatte.

Als er zum Abschied mit seinem Verdienst protzte und seinen Geldbeutel aufmachte, fielen mehrere Schlüssel heraus. Der Herr Skilehrer sah unsere verblüfften Gesichter und erklärte: „Das ist der Hausschlüssel von einer Freundin in Karlsruhe. Der ist von der einen in Frankfurt. Die andere hat mir ihr Auto dagelassen, damit ich sie nur ja besuche. Da hock ich jetzt rein und klappere meine Skihasen ab.“

Nachhilfe in Knotenkunde

Unser Heini vom Oberlech war vielleicht ein besonderer Fall, aber nicht der einzige, von dem es Geschichten zu erzählen gäbe. Wir hatten mal einen Schneider aus München, der es beim besten Willen nicht schaffte, die Ladung auf den Mulis festzubinden. Der Vater gab ihm abends

Nachhilfe in Knotenkunde. Der gute Mann redete mit den Mulis und wäre so gern bei uns geblieben. Aber was sollten wir mit einem Mulitreiber anfangen, dem immer die Ladung runterfällt.

Ein Porzellanmacher aus Regensburg nannte sich „Jerry Joke“, nach dem Vorbild irgendeines Films. Seinen richtigen Namen kannten wir nicht. Seine Papiere seien noch in Regensburg in der Fabrik, hatte er uns erklärt.

Eines Tages brach er mit den Mulis auf ins Tal, stellte die Tiere in die Schwarze Hütte und verschwand für zwei Tage mit irgendwelchen Weibern. Dann kam er wieder und jammerte: „Ich bin blind.“ Er tastete sich an den Wänden entlang, legte sich ins Bett und ließ sich bedienen. Dass dies nur eine faule Ausrede war, konnte wahrlich ein Blinder mit Krückstock fühlen. Zur Probe schickten wir ihm ein Mädel mit Essen ins Zimmer, um zu schauen, ob er wirklich nichts sieht. Den Test hat der Regensburger nicht bestanden. Am nächsten Tag war er verschwunden.

Ernst Wagner

Ernst Wagner, geboren am 19. Juni 1943 in Oberstaufen. Nach einer Schlosserlehre und der Bundeswehrzeit machte sich Wagner schon mit 22 Jahren 1965 selbstständig als Hüttenwirt des Staufner Hauses unterhalb des Hochgrat-Gipfels bei Oberstaufen-Steibis.
Das Hüttenleben hatte Wagner schon als Kind kennengelernt. Der Vater hatte von 1945 bis 1954 bei Thalkirchdorf eine Alphütte bewirtschaftet.
1970 wechselte er zum Naturfreundehaus am Gschwender Horn bei Immenstadt. 1973 übernahm er die auf 1844 Meter Seehöhe gelegene Kemptner Hütte der Alpenvereins-Sektion Allgäu-Kempten. Dieses Schutzhaus liegt südlich von Oberstdorf und ist mit seinen rund 300 Betten und Lagern eine viel besuchte Bergsteiger-Unterkunft.
Bei seinem 25jährigen Jubiläum auf der Kemptner Hütte wurde Wagner als vorbildlicher Bewirtschafter eines alpinen Schutzhauses mit Lob überschüttet.
Seine besondere Tierliebe ist unübersehbar. Zu seinen „Haustieren“ auf der Hütte zählten schon ein Geißbock und ein Esel.

Elvi Wagner

Auf dem Staufner Haus lernte Ernst Wagner 1967 seine damals 22-jährige Frau Elvi kennen, die dort in den Ferien arbeitete. Zur Hochzeit 1968 zog die junge Familie um nach Durach bei Kempten.
Sohn Tobias kam bei einem schrecklichen Unfall mit der Materialbahn zur Kemptner Hütte ums Leben. Die beiden Töchter helfen noch heute den Eltern am Wochenende bei der Bewirtschaftung.

Elvi und Ernst Wagner daheim in Durach

Kemptner Hütte (1844 m)

In nur 76 Tagen errichtete die Alpenvereins-Sektion Allgäu Kempten 1891 die Kemptner Hütte. Damals gab es 30 Schlafplätze auf 16 Matratzen und einem Heulager. Heutzutage übernachten oft mehr als 12000 Bergsteiger und Wanderer jährlich in diesem Schutzhaus, das als Etappenstation des Europäischen Fernwanderweges E 5 von Oberstdorf nach Meran gilt. Die Kemptner Hütte liegt überdies am Schnittpunkt weiterer Höhenwege in den Allgäuer Alpen. Ein Ausläufer des Heilbronner Weges führt an der Mädelegabel vorbei hierher.

Bundesweit in die Schlagzeilen geriet die Kemptner Hütte, als 1983 der „Schafkrieg“ ausbrach zwischen einer alternativen Schäfergenossenschaft aus dem Württembergischen und der Kemptener Alpenvereins-Sektion, die gegen eine Überweidung der Grashänge am benachbarten Fürschießer (2271 m) zu Felde zog. Zusammen mit Lechtaler Bauern, denen das Weidegebiet der Oberen Mädele-Alpe gehört, verdrängte der Alpenverein die Genossenschaft.

Die Kemptner Hütte, die heute 190 Lager und 100 Betten anbietet, ist zu erreichen über den Oberstdorfer Ortsteil Spielmannsau und den Weg durch den Sperrbachtobel, der jeden Winter von Lawinen beschädigt und jedes Frühjahr neu hergerichtet wird.

Die Kemptner Hütte

Ernst Wagner

Blut im Sperrbach

An die Kemptner Hütte kommt die Müllabfuhr nicht hin. Bei manchmal mehr als 300 Mahlzeiten pro Tag bleibt viel übrig, was die Hausfrau im Tal einfach in die Tonne werfen würde. Auf 1844 Meter Meereshöhe lohnt sich jedoch das Recycling. Deshalb kaufe ich zu Beginn der Saison junge Sauen, die ich mit den Essensresten über den Sommer mäste. Eines Tages hatten wir uns oben gerade eingerichtet und die wichtigsten Vorräte mit der Materialbahn hinaufgeschafft. Am Morgen stieg ich deshalb ab ins Tal, um die fünf Jungsauen zu holen, die ich bei einem Bauern bestellt hatte. Es sollte mir eine Lehre werden, Schweine nicht bei heißem Wetter zu transportieren. Und an diesem Tag im Juni war es sehr heiß.

Schon als ich die fünf Ferkel beim Bauern in

einen Anhänger trieb, ließ eine der Jungsauen den Kopf hängen. Während der einstündigen Fahrt hielt ich zwischendurch an, um Wasser in den Anhänger zu spritzen, damit die Tiere wieder abkühlten. An der Talstation unserer Materialbahn in der Spielmannsau angekommen, hatte ich Mühe, die fünf quiekenden Ferkel in die Materialkiste zu packen. Diese Kiste ist nur 150 mal 90 Zentimeter groß, und die Seitenwände sind nicht allzu hoch. Damit keins der Tiere rausspringt, mußte ich mich mit hineinsetzen in die Kiste. Die Jungsau, die schon am Morgen den Kopf hatte hängen lassen, hustete inzwischen. „Die wird's schon aushalten. Zur Not kann man sie oben metzgen“, dachte ich mir.

Ruhe in der Kiste

Über Funk meldete ich Herbert, unserem Hausel, dass er die Bahn von der Bergstation aus in Betrieb setzen könne. Nach fünf Minuten Fahrt in luftiger Höhe über dem Sperrbachtobel war ich zuversichtlich, dass die angeschlagene Sau den Transport gut überstehen würde. Immerhin war mittlerweile Ruhe eingekehrt in der kleinen Kiste.

Vorsichtshalber schob ich zwei der Ferkel beiseite, um nach meinem Sorgenkind zu schauen. „Die ist hin“, erschrak ich. Was sollte ich tun? Wenn ich bis zur Bergstation gewartet hätte, wäre das Blut gestockt. Das Ferkel hätte ich wegwerfen können.

Deshalb zog ich aus meinem Rucksack ein Messer raus und stach die Sau ab. Mitten über dem Sperrbachtobel, gut 300 Meter über Grund, lief plötzlich das Blut zwischen den Brettern durch und tropfte hinab. Wenn unten Wanderer gewesen wären, hätte sie wohl der Schlag getroffen.

Drei Hände nötig

Auch Herbert zeigte sich geschockt, als ich bei der Ankunft oben an der Bergstation die Plane zurückschlug und alles voll Blut war.
„Was ist passiert?“, wollte er wissen.
„Mit zwei Händen habe ich eine Sau gemetzget, und mit der dritten musste ich die anderen Ferkel abwehren, die sich in dem Kadaver suhlen wollten.“

Es traf sich nicht schlecht, dass an diesem Wochenende die Kemptener Bergwachtbereitschaft mit Gästen aus Südtirol auf der Hütte ein Jubiläum feierte. Die Gesellschaft hat sich über ein knuspriges Spanferkel sehr gefreut.

Schweine sind nicht die einzigen Tiere auf der

Kemptner Hütte. In den ersten drei Jahren hatten wir ein Pferd, eine Haflinger-Stute namens Gretl. Bis sie dann von einem Traktor abgelöst wurde, musste Gretl für die Transporte zwischen Materialbahn und Hütte herhalten. Das sind immerhin anderthalb Kilometer.

Weg nicht sichtbar

Ich erinnere mich noch an einen Septembertag vor vielen Jahren, als es über Nacht kräftig geschneit hatte. Die Woche zuvor war auf der Hütte noch Hochsaison, und auf das Ross hatten wir deshalb nicht verzichten können. Jetzt lag plötzlich ein Meter hoch Schnee. Irgendwie mussten wir ins Tal runter. Mit meinen zwei Hausgehilfen wagte ich mich – Schaufel und Pickel in den Händen – in Richtung Sperrbachtobel. Wir liefen versetzt im Abstand von zehn bis 15 Metern. Der Verlauf des Weges war unter der weißen Schneedecke nicht sichtbar und kaum zu erahnen.

Ich lief voraus, als sich 20 Meter oberhalb eine Lawine löste und mich verschüttete. Der Schnee war locker, und ich werkelte wie ein Wilder. Handschuhe, Kappe und alles andere hatte ich verloren. Mit Glück konnte ich mich aus dem Schnee befreien – immer in der Angst, es könnte noch was nachrutschen.

Ernst Wagner mit seinem „Geschenk“ namens Wastl.

Wir mussten umkehren und kamen kurz darauf heil zur Hütte zurück. Über Funk ließen wir bei der Bundeswehr einen Hubschrauber bestellen, der uns abholen sollte. Die Antwort kam prompt: „Das geht schon, aber es kann eine Woche dauern.“ Auf der Hütte hockten wir wie auf heißen Kohlen. Endlich kam die Nachricht über Funk: „In drei Stunden ist es soweit.“

Ross im Tragnetz

An Bord des Helikopters saß ein Tierarzt. Er gab unserer Gretl eine Beruhigungsspritze. Als das Ross Wirkung zeigte, legte ihm ein Bergwachtmann, der vorsichtshalber auch mitgekommen war, einen Viehgurt um, der freilich schon bestimmt 20 Jahre nicht mehr benutzt worden war. Als das Roß endlich den Kopf hängen ließ, befestigten wir den Gurt am Hubschrauber. Die Haflinger-Stute hing gerade einen Meter über dem Boden, als plötzlich der Gurt riss. Gretl stürzte ab, verletzte sich dabei aber nicht. Zufällig hatte die Bundeswehr-Besatzung noch ein Notnetz an Bord. Daraus bastelten wir für das Ross ein Provisorium und brachten das Tier schließlich wohlbehalten zur Spielmannsau ins Tal.

So ein plötzlicher Wetterumschwung überrascht nicht nur den Hüttenwirt, sondern erst recht die

Bergsteiger, zumal wenn sie recht unerfahren sind. Die meisten schweren Unfälle passieren, wenn das Wetter umschlägt. Eine Geschichte hat mich mal besonders mitgenommen.

Es war im August. Nach Feierabend, so gegen 23 Uhr, ging ich routinemäßig vor die Türe, um draußen zu lauschen und zu schauen, ob Bergsteiger in Not Zeichen geben. Tatsächlich erspähte ich etwa 500 Meter von der Hütte entfernt ein Licht, aber weitab vom Weg. 300 Meter dahinter schien ein zweites Licht in der Dunkelheit. Mein Hausgehilfe Herbert und ich gingen auf die Lichter zu. An der einen Stelle hockte ein 79-jähriger Mann, beim anderen Licht ein 83-jähriger.
„Warum lauft ihr denn getrennt?"
„Ha, der Kare isch bergauf schneller, i bergab."

Hut verloren

Die beiden alten Männer waren vom Prinz-Luitpold-Haus gekommen – immer mit Abstand. Die beiden hatten trotz ihres hohen Alters eine hervorragende Kondition, sich aber in der Zeit verschätzt. Auf der Hütte schenkte ich den beiden ein Bier ein. Wir kamen ins Plaudern.
„Der Luggi hat sich die Gegend angeschaut, isch vom Weg abkomme und hot de Hut verlore", fiel dem Kare plötzlich ein.

„Den holen wir schon“, versprachen Herbert und ich.
„Ihr müßt lauter reden, der hört schlecht“, sagte Luggi.
Zu dem, der also besser hören konnte, gewandt, fragte ich: „Das müsste doch eigentlich da hinten an dem Eck gewesen sein?“.
Da antwortete der Schwerhörige: „Das brauchst du den nicht fragen, der sieht doch schlecht.“

Plötzlich weg

Es waren zwei hagebuchene Männer, mit denen wir gleich einen guten Kontakt hatten. Bei dem abendlichen Gespräch stellte sich heraus, dass die zwei Württemberger den Heilbronner Weg gehen wollten. „Es ist Schnee angesagt“, riet ich ihnen von diesem Vorhaben ab. Tatsächlich lag am nächsten Morgen 20 Zentimeter Neuschnee. Andere Gäste, die ursprünglich auch zur Rappenseehütte wollten, stiegen durch den Sperrbachtobel ab ins Tal. Auch die beiden Männer waren plötzlich weg.

Am Abend gegen 18 Uhr kam ein Ehepaar zurück zur Hütte. Die Frau atmete laut auf: „Gott sei Dank, geschafft.“ Die beiden hatten trotz Neuschnee zum Waltenberger-Haus laufen wollen, aber der Schnee war zu hoch.
„Was ist mit den zwei älteren Männern?“, fragte

die Frau. „Als wir umgekehrt sind, kamen uns die zwei noch entgegen.“

Mich traf fast der Schlag. Trotz meiner Warnung waren Kare und Luggi also doch aufgebrochen. Und wir hatten davon nichts bemerkt. Über Funk rief ich das Waltenberger-Haus, ob die beiden dort angekommen seien. Die Antwort war negativ. Auch die Frage an die Rappensee-Hütte ergab ein „Negativ“.

Warnungen in den Wind geschlagen

Deshalb alarmierte ich die Bergwacht. Die Männer stiegen über das Waltenberger-Haus auf und suchten in dem dichten Schneetreiben die ganze Nacht, ohne eine Spur zu finden. Wie alles zuging, ist heute noch unbekannt. Jedenfalls wurden die beiden alten Männer zwei Tage später vom Hubschrauber aus entdeckt. Sie lagen zwischen Kratzer und Mädelegabel in den „Wilden Gräben“ – beide tot, erfroren. Es waren zwei ausgesprochen nette Männer gewesen, aber ihr Altersstarrsinn ließ sie alle Warnungen in den Wind schlagen.

Wenn alle Leute auf uns Hüttenwirte hören würden, könnten manche noch am Leben sein. Selbst in der größten Hektik bin ich froh, wenn ich um Rat gefragt werde.

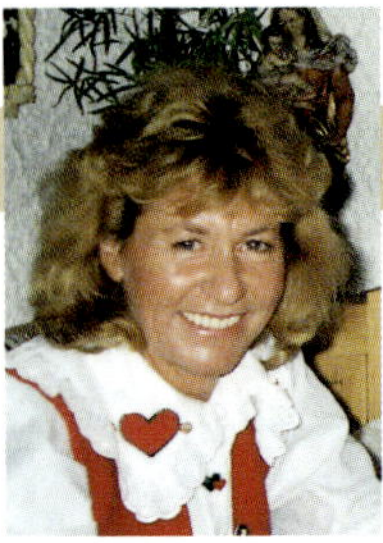

Elvi Wagner

Mieze im Rucksack

Die Geschichte von unserer Gretl und dem Hubschrauber hat Ernst schon erzählt. Aber die Haflinger-Stute war längst nicht das einzige Tier auf unserer Hütte. Als Gretl drei Jahre nachdem wir die Kemptner Hütte übernommen hatten, gegen einen Traktor eingetauscht wurde, gab es Tränen. „Ohne Viecher um uns rum geht's nicht", stellte die ganze Familie fest. Deshalb zogen wir zwei Lämmer auf, die von den Mutterschafen nicht angenommen worden waren. Die Lechtaler Schäfer, die den Sommer über rund um die Hütte ihre Weiden hatten, waren eigentlich entschlossen, die beiden Jungtiere zu töten.

Zu den beiden Schafen, die wir schließlich mit der Flasche großgezogen hatten, kamen noch fünf Hennen, die als Eierlieferanten ums Haus gackerten. Eines Tages brach Ernst mit unseren beiden Hausgehilfen zum Waltenberger-Haus auf, um ein Stück Weg zu richten. Die drei kamen abends an und übernachteten. Am nächsten Morgen lud unser Wirtskollege die drei erst mal zum Frühschoppen ein. Bei einer Halben Bier bemerkte Ernst plötzlich zwei Katzen, die in der Stube um die Tischbeine herumstrichen. Der Wirt bemerkte den Blick und wehrte gleich ab: „Ich geb' keine her."

Nachdem der Weg gerichtet war, zogen die drei wieder ab in Richtung Kemptner Hütte. Udo war schon weit vorausgelaufen und wartete oben am Bockkar. Das Gesicht von meinem Mann hätte ich gern gesehen, als er aus Udos Rucksack unverhofft eine Katzenschnauze herausschauen sah.

„Futtergeld nachschicken"

Zurück auf der Hütte setzte sich Ernst an den Tisch und schrieb eine Postkarte, adressiert ans Waltenberger-Haus: „Katze gut angekommen. Bitte Futtergeld nachschicken." Als Unterschrift gab es vom Stempelkissen einen original Pfotenabdruck. Ein Gast nahm die Karte mit und steckte sie in Oberstdorf in den Briefkasten.

Eine Woche verging, bis plötzlich unser Kater fehlte. Er war nirgends zu finden. Am nächsten

Tag kam ein Gast vom Heilbronner Weg und brachte vom Waltenberger-Haus einen Zettel mit: „Katze wieder gut zu Hause angekommen." Da hatte unser Kollege doch tatsächlich zwei junge Burschen engagiert, die in aller Heimlichkeit die Katze abgeholt hatten.

Da traf es sich gut, dass abends in der Gaststube fünf Jugendliche saßen und fragten, zu welcher Hütte in der Nähe sie eine Tagestour machen könnten. Ernst beschrieb ihnen den Weg zum Waltenberger-Haus und versprach eine Runde Bier, wenn sie von dort die schwarz-weiß gestreifte Katze mitbrächten. Abends war „unser" Kater wieder auf der Kemptner Hütte.

Im Herbst zum Hüttenschluß kam unser Kollege vom Waltenberger-Haus schließlich persönlich rum, um „Bizi" endgültig mitzunehmen. Bis dahin hatte der Kater den Heilbronner Weg öfter gemacht als mancher Bergsteiger.

Geiß als Geschenk

Am 19. Juni 1985, daran erinnere ich mich auch noch gut, lud Ernst an der Talstation der Materialbahn gerade Waren in die Kiste, als ein Spüler unseres Personals mit dem Auto ankam und den Kofferraum aufmachte. Eine Geiß sprang heraus.

„Was willst du mit der Geiß?“, fragte Ernst. „Herzlichen Glückwunsch zum Geburtstag. Die gehört jetzt dir.“

Die Geiß war ein Geißbock und wurde „Maxi“ getauft. Er hatte vorsichtshalber einen Gummi um sein Säckchen, das er aber nach fünf Wochen verlor.

An der Hütte baute Ernst einen Stall. Von da an gehörte Maxi zum Stammpersonal – zuständig für die Unterhaltung der Gäste. Er schleckte Aschenbecher aus und soff Bier. An Wanderkarten knabberte er mit Vorliebe. Spezialisiert war er auf Karten vom Alpenverein. Nach einiger Zeit hatte er den Dreh raus, wie man Rucksäcke öffnet. Er wusste genau, an welchem Bendel man ziehen muß, damit ein Knoten aufgeht. Versteckte Brotzeiten waren vor ihm nicht mehr sicher.

Spielgesellin

Um den Geißbock abzulenken von solchen Dummheiten, bat Ernst einen Nachbarn in Durach, ihm über den Sommer eine Geiß auszuleihen – als Gesellschaft für Maxi. Dafür nahm der Nachbar unseren Geißbock den Winter über in Pflege. Es war zwar gemein, dem kastrierten Bock ein Weibchen als Spielgesellin mitzubringen, aber die zwei kamen prima miteinander aus. Nun trieben sie ihre Streiche eben zu zweit.

Nach einiger Zeit hatte Maxi auch schon den ersten Gipfel hinter sich. Auf den Kratzer lief der Bock meinem Mann hinterher wie ein Hund, und klettern konnte er wie eine Gäms. An der steilsten Stelle überholte er meinen Mann und löste Steine aus, vor denen sich Ernst gerade noch retten konnte.

Wellensittich auf der Schulter

Einen weiteren Zulauf erhielt unser Viehbestand ganz unverhofft. An einem Regentag entdeckte ein Gast vor der Türe auf 1844 Meter Höhe einen Wellensittich, der fix und fertig war, kaum noch fliegen konnte. „Die fressen nur so ein Perlenzeug", wusste Ernst und lief gleich runter ins Tal, um einen Käfig und Vogelfutter zu kaufen. Den Käfig brauchte er bald nicht mehr. Im Haus saß der Wellensittich meinem Mann bei jedem Schritt auf den Schultern.

Als wir im Juni 1998 unser 25jähriges Hüttenjubiläum feierten, lag noch viel Schnee im Sperrbachtobel. Die Festgesellschaft aus Oberstdorf kam deshalb über das Lechtal zur Hütte hoch. Die Feierlichkeiten erreichten ihren Höhepunkt, als die Oberstdorfer von draußen ihr „Jubiläums-

Geschenk“ herein holten. Weil man meinem Mann ja nichts „normales“ schenken konnte und er manchmal ein bisschen Ärger braucht, brachten sie ihm einen ausgewachsenen Esel – geschmückt wie ein Kranzrind beim Viehscheid. Um den Bauch hatte man ihm eine goldglänzende Schärpe gebunden, die eigentlich als Wärmefolie bei der Bergrettung dient. Bevor dem Esel die Geschenkverpackung abgenommen wurde, tauften wir ihn auf den Namen „Wastl“. Der Bereitschaftsleiter der Oberstdorfer Bergwacht musste halt als Patron herhalten.

Weil nun der Esel so groß war, daß man ihn unmöglich im Haus halten konnte, bekam er eine eigene Weide direkt neben der Hütte. Seinen Vorgängern hat er sich ganz gut angepasst. Zur Unterhaltung der Gäste trägt „Wastl“ täglich bei.

Überwintern darf er bei einem Freund von Ernst in Durach. Der Neher Sepp liefert „Wastl“ auch alle Jahre wieder zur Sommersaison „frei Haus“ auf der Hütte ab.

Luggi Lacher

Luggi Lacher, geboren am 19. Mai 1957 in Tiefenberg, Gemeinde Ofterschwang im Oberallgäu. Nach einer Ausbildung als Fernmeldemonteur hätte er nach Westdeutschland versetzt werden sollen. Weil Lacher aber aus dem Allgäu nicht weg wollte, blieb er nach seiner Bundeswehrzeit an der Sportschule in Sonthofen daheim und machte sein Hobby zum Beruf. Er absolvierte die Ausbildung zum staatlich geprüften Berg- und Skiführer.

1985 übernahm er mit seiner Frau Doris die Bewirtschaftung der Fiderepaß-Hütte. Das 2067 Meter hoch gelegene Schutzhaus der Alpenvereins-Sektion Oberstdorf liegt an einem alten Handelspfad zwischen Oberstdorf und dem Kleinwalsertal. Die Hütte ist heute Ausgangspunkt für die Begehung des Mindelheimer Klettersteigs.

Im Winter ist Lacher als Einsatzleiter der Skiwacht und für die Oberstdorfer Bergwacht tätig.

1991 übergab er die Hütte an Georg Kaufmann. Seitdem betreibt Lacher zusammen mit Andreas Tauser eine Bergschule in Oberstdorf, während seine Frau Doris daheim in Bolsterlang ein Gästehaus führt.

Luggi Lacher mit Ehefrau Doris auf dem Weg zur Hütte.

Fiderepaß-Hütte (2067 m)

Der Name leitet sich ab vom althochdeutschen Wort „fördern“. Über die Passhöhe, wo seit dem Zweiten Weltkrieg die Hütte steht, beförderten die alten Walser seit dem Mittelalter ihre Waren nach Oberstdorf. Im Dritten Reich entstand an dem Pass eine Unterkunft für NS-Zöglinge der „Ordensburg“ in Sonthofen. Der Nachwuchs sollte unterhalb der Hammerspitze das Bergsteigen lernen.

1946 übernahm die Alpenvereins-Sektion Oberstdorf die Hütte, die eigentlich auf österreichischem Boden steht. Auch die Materialbahn, die 1955 gebaut wurde, führt hinab ins Wildental, einem Seitental des österreichischen Kleinwalsertals. Überlegungen, die Seilbahn auf die Oberstdorfer Seite zu verlegen und das Projekt mit dem Bau des Speichersees Warmatsgund zu verbinden, scheiterten.

Die Fiderepaß-Hütte auf 2067 Meter Höhe ist nicht nur Ziel von Bergwanderern, die von der Kanzelwand oder dem Wildental eine „Brotzeit-Station“ ansteuern. Die Hütte ist seit 1975 auch Ausgangspunkt des Mindelheimer Klettersteigs, der über die Schafalpköpfe hinüber führt zur Mindelheimer Hütte. Von der Terrasse aus sind die Begeher des Steigs an einer exponierten Stelle, oft auf Knien über eine Gitterbrücke rutschend, gut zu beobachten.

Die Fiderepaß-Hütte

Luggi Lacher

Fummeln im Schlafraum

Als ich mich Ende 1984 kurzfristig entschloss, ein Angebot der Alpenvereins-Sektion Oberstdorf anzunehmen und Wirt auf der Fiderepaß-Hütte zu werden, da ahnte ich nicht, dass ich in ein Chaos geraten sollte. Der Weg zur Hütte im Frühsommer 1985 war mit dicken Stolpersteinen gepflastert. Meine Frau Doris und ich waren nahe dran, schon nach wenigen Wochen aufzugeben. Aber wir haben nicht kapituliert. Die Probleme ließen sich schließlich lösen, die Schwierigkeiten meistern. Dieser Lebensabschnitt liegt längst hinter uns. Aber wir denken noch oft daran.

Als Doris und ich Anfang 1985 zur Hütte in 2067 Meter Meereshöhe aufzogen, wussten wir, dass ein Umbau der Theke anstand. Die „Schönheitsoperation“ nahm sofort Ausmaße an: Eine

Wand musste herausgerissen werden. Küche und Stube verwandelten sich in eine staubige Baustelle.

Aber das war noch das wenigste. Die alte Materialbahn hinunter ins österreichische Wildental, die schon längst hätte erneuert werden sollen, gab ihren Geist auf. Mit List und Tücke ließ sich der Schaden provisorisch beheben.

Dann schlug Tage später der Blitz in das Aggregat ein, das uns mit Strom versorgte. Ohne Strom lief die Bahn nicht und auch kein Wasser, das von einer Quelle unterhalb der Hütte zum Reservoir hochgepumpt wird. Für das Personal, die Bauarbeiter und die wenigen Gäste im Frühsommer musste der Vorrat rationiert werden.

Trotz aller Bemühungen fanden wir auf die Schnelle kein Ersatz-Aggregat. Die Herstellerfirma verwies auf Lieferzeiten von zwei Monaten „Minimum". Erst auf unser ständiges Drängen hin ließ sie sich zu einem Zugeständnis herbei: „Schneller als in drei Wochen geht's aber wirklich nicht."

Der Alpenverein ließ derweil seine Beziehungen spielen. Tatsächlich fand sich schließlich in einem Oberstdorfer Spenglerbetrieb ein kleines Aggregat, das für unsere Zwecke tauglich schien.

Das Gerät wurde per Hubschrauber zur Hütte geflogen, angeschlossen und lieferte Strom. Allerdings zu wenig, um die Wasserpumpe zu betreiben, von der Materialbahn ganz abgesehen. Erst als ein Schalter umgebaut worden war, lief wenigstens die Pumpe. Jetzt hatten wir jedenfalls wieder ausreichend Wasser. Bier und Sprudel kamen mit dem Hubschrauber zur Hütte. Andere Sachen trugen wir wie in alten Zeiten im Rucksack vom Tal herauf.

Pumpe mit Ackja ins Tal

Nur ein paar Tage später war die Pumpe kaputt. Der Elektromotor hatte die Umstellung nicht vertragen. Das 35 Kilo schwere Teil musste ausgebaut und ins Tal geschafft werden. Ein Spezialist in Oberstaufen verpasste dem Motor eine neue Wicklung. Bergfreunde können ermessen, wie schwer 35 Kilo sind, wenn man sie auf dem Rücken zwei Stunden lang bergauf schleppen muss. Jedenfalls lief der Motor wieder wie neu. Nur verreckte wieder ein paar Tage später die eigentliche Pumpe. Dieser Vorbau, der rund 100 Kilo wiegt, musste ebenfalls ausgebaut werden. Mit einem alten Ackja zogen wir das schwere Gerät zur Hütte und dann hinunter ins Wildental.

Es stellte sich zu allem Unglück heraus, dass die Pumpe nicht mehr zu reparieren war. Weil uns das Pech schon seit Wochen an den Händen klebte, wunderte sich niemand mehr, dass eine neue Pumpe erst in frühestens drei Wochen geliefert werden konnte.

Schwarz vor Augen

Ein Lichtblick tauchte am Horizont auf, als das neue Aggregat mit dem Hubschrauber zur Hütte gebracht wurde. Die Materialbahn lief wieder. „Jetzt geht's bergauf", dachte ich bei mir, als nach kurzer Zeit schließlich auch die neue Pumpe mit der Bahn hochgezogen wurde. Beim Einbau des Geräts in den Schacht stellte ich fest, dass wir einen Teil des Werkzeuges in der Hütte vergessen hatten. Ich lief die 200 Meter zurück. Dabei knickte ich mit dem Fuß um. Mir wurde ganz schwarz vor Augen.

An diesem Tag herrschte am Berg dichter Nebel. Ein Abtransport mit dem Hubschrauber war unmöglich. „Auch wenn die Bahn schrottreif ist, jetzt ist es mir wurscht", entschied ich und setzte mich in die Kiste. An der Talstation angekommen, hörte ich über Funk, dass an der Hütte ein Polizeihubschrauber eingetroffen war, der ein Wolkenloch genutzt hatte, um mich abzuholen. Jetzt war es zu spät.
Ein Freund brachte mich zur orthopädischen Klinik Wasach bei Oberstdorf, wo ich den Chef-

arzt kennen- und schätzen gelernt hatte. In der Ambulanz aber erfuhr ich, dass der Chef in Urlaub war. Ich stand auf und hüpfte die Treppe auf dem gesunden Fuß hinunter zum Ausgang. Dabei verschätzte ich mich, landete auf einer Treppenkante und stürzte hinunter bis vor die Telefonzelle, die in der Eingangshalle steht.

Doktor schüttelt den Kopf

Als ich schließlich im Sonthofer Krankenhaus auf dem Röntgentisch lag, schüttelte der Doktor den Kopf. So was hatte er noch nicht erlebt. Am linken Fuß alle drei Bänder gerissen und am rechten Fuß alle drei Bänder gerissen. Mit einem kaputten Knöchel ins Krankenhaus gefahren und mit zwei kaputten Knöcheln angekommen.

Im Krankenhaus lag ein Architekt aus Oberstdorf. Wir trafen uns und sprachen wie üblich gleich darüber, wie der Unfall passiert ist. Es war fast schon komisch: Der Architekt hatte den Oberschenkel gebrochen und war in Wasach operiert worden. Am Tag der Entlassung stolperte er auf derselben Treppe wie ich, fiel hin und brach sich den Oberschenkel nochmal. Weil der Chefarzt inzwischen in Urlaub war, hatte man ihn – wie mich – nach Sonthofen gebracht.

Schlimmer als die Operation war danach das

Gefühl, hilflos im Krankenhaus zu liegen, während meine Frau droben auf der Hütte allein auf sich gestellt war. Und das nach all den Pannen und Pleiten der vergangenen Wochen. In dieser Zeit spürten wir, wie wichtig es ist, gute Freunde zu haben. Vieler meiner Kumpel, Familienangehörige und Oberstdorfer Sektionsmitglieder haben geholfen. Meine Frau hat damals nicht einmal gewusst, wie man ein Fass ansticht. Ein Spezl ist schließlich ins Tal gefahren und hat sich bei einem befreundeten Wirt kundig gemacht. Ein Trost jedenfalls: Seit meinem Unfall klappte auf der Hütte alles wie am Schnürchen. Die Bahn lief, die Pumpe lief und das Aggregat funktioniert einwandfrei.

„Roboter-Gang"

Zwei Wochen nach der Operation ließ ich mir an beiden Füßen Gehgips verpassen und zur Hütte bringen. Man kann sich leicht vorstellen, wie ich mit meinem „Roboter-Gang" auf den Arm genommen wurde. Als der Gips entfernt war, fühlte ich mich gleich wieder fit.

Ein Jahr lang blieben wir von Pannen verschont. Aber der Bergsommer 1986 begann schon wieder so kurios. Anfang Juni schneite es. Innerhalb kurzer Zeit lag 1,20 Meter Neuschnee rund um die Hütte. Das Stillachtaler Skirennen, das bei uns hätte stattfinden sollen, musste wegen extremer Lawinengefahr abgesagt werden. Wegen der prekären Lage konnten wir selbst nicht absteigen ins Tal.

Jammergestalt

Am Spätnachmittag saßen Doris und ich ganz allein im Stüble, als plötzlich die Haustüre auf- und zuging. Herein kam eine Jammergestalt von einem Mann. Er trug nur Jeans und einen gelben „Ostfriesen-Nerz“. Alles war klatschnass.
„Ja, wo kommst denn du her bei dem Sauwetter?“, wollte ich wissen.
Der Mann hatte einen Sprachfehler. Erst beim zweiten Anlauf verstand ich: „Härte-Training für Antarktis.“
Zuerst wussten wir nicht, ob der Mann nicht ganz recht im Kopf war oder nur aus Erschöpfung wirres Zeug redete. Wir verpassten ihm ein paar trockene Klamotten und kochten einen heißen Tee. Anstatt den Tee in Ruhe zu trinken und sich langsam zu erholen, verlangte der Überlebenskünstler: „Halbpension“.
„Wenn du vor dem Essen eine Suppe willst, kein Problem. Und Betten sind genügend frei“, versprach ich ihm.

Während der Mann seinen Schweinebraten aß, stand er immer wieder auf und lief in den

Waschraum. Das erschien mir sehr seltsam. Deshalb spionierte ich ihm hinterher und sah, dass er plötzlich mit beiden Händen den Mund zuhielt, mit einem Fuß die Türklinke drückte und im Waschraum den Magen gründlich leerte. Dann setzte er sich wieder an den Tisch und aß weiter.

Magen rebelliert

„Jetzt tu mal ganz langsam. Erhol dich in Ruhe und iss später. Sonst bleibt dir ja nix“, wollte ich ihm gut zuraten. Aber der Mann wollte nicht wahrhaben, dass sein Magen vor Erschöpfung rebellierte: „Ich habe in Oberstdorf eine Hasenkeule gegessen. Die war nicht gut“, erklärte er die Verstimmung. Als er den letzten Bissen des Schweinebratens hinuntergeschluckt hatte, röhrte er ein letztes Mal, diesmal in den Teller.

Meiner Frau wurde bei dem Anblick selbst ganz übel. Sie ging vor die Haustüre und kam ein paar Augenblicke später kichernd zurück: „Schau mal mit raus.“ Draußen vor der Türe hatte der Mann seinen Skistock abgestellt. So was habe ich noch nie gesehen. An dem Stock festgebunden war ein großes Thermometer, wie es an manchen Häusern hängt, halb so groß wie der Skistock selbst. Am nächsten Tag hatte sich der Härtetester einigermaßen erholt. Er schmiedete schon die nächsten Pläne: „Ich will als Liftboy oder Bergführer arbeiten.“

Weil ich ihm bei der Suche nicht helfen konnte, schickte er sich an, ins Tal abzusteigen. „Das ist zu gefährlich. Bleib da, bis sich die Lage entspannt hat“, wollte ich ihn von seinem Entschluss abbringen. Aber der Mann ließ sich nicht beirren. Er packte sein Zeug und lief zur Türe hinaus. Weil ich wusste, dass man draußen bis zur Brust im Schnee versinkt, blieb ich ruhig sitzen und dachte mir: „Der kommt gleich wieder.“ Doch weit gefehlt. Doris drängte mich schließlich, dem Mann hinterherzulaufen und ihn zurückzuholen. Aber es blieb bei dem Versuch. Im metertiefen Schnee kam ich bis auf 50 Meter an ihn heran und schrie aus Leibeskräften – ohne jede Reaktion.

Plötzlich bemerkte ich, dass der gelbe Ostfriesen-Nerz in einem gefährlichen Hang verschwand. Ich kehrte zur Hütte zurück und funkte die Walsertaler Bergrettung an. Zwei Stunden später kam die Rückmeldung: „Was ist denn das für ein Heiliger?“

Der Mann war unten aus einem Tobel aufgetaucht, der seit Menschengedenken für häufige Lawinenabgänge berüchtigt ist. Auf Fragen der Bergretter hatte er erklärt, von allen Seiten

Lawinen gehört zu haben. In dem Tobel aber hätte er sich sicher gefühlt. Uns kam es allen so vor, als ob dieser Mann selbst einen Härtetest darstellt für seinen Schutzengel.

Härtefall

Als ein Härtefall ganz anderer Art entpuppte sich Jahre später ein etwa 50-jähriger Herr mit Bauch. Am frühen Morgen kam ich kurz nach fünf Uhr in die Küche, als es plötzlich an der Türe klopfte. Eine 25-jährige Frau war ganz aufgelöst: „Was soll ich nur machen? Ich habe überhaupt nicht geschlafen. Der Mann neben mir im Schlafraum hat mich die ganze Nacht über betatscht."

Um den Zudringlichkeiten zu entfliehen, war die hübsche Frau aufgestanden, um abzuwarten, dass der Mann inzwischen einschlafen würde. Wenn sie sich aber wieder ins Lager gelegt hatte, war der Fummler erneut zudringlich geworden.

Ich war mir nicht sicher, wie gravierend dieser Vorfall war. Deshalb wollte ich den Mann zu den Vorwürfen hören. Ich bat ihn in die Küche und rechnete fest damit, dass er alles abstreiten oder zumindest herunterspielen würde. Weit gefehlt. „Klar, Sie sind doch auch ein Mann", gestand er freimütig. Beim Anblick einer jungen hübschen

Frau neben sich im Lager habe er nicht widerstehen können. Fast hätte es mir die Sprache verschlagen. „So was können wir hier nicht brauchen. Packen Sie Ihr Zeug und gehen Sie“. Da überkam ihn die Reue. Er gab sich zerknirscht. Er sei Vorhut einer größeren Gruppe mit dem Auftrag, Quartier zu machen: „Was soll ich denen sagen?“ Er entschuldigte sich vielmals und bat, die eine Nacht noch bleiben zu dürfen. „Bei mir müssen Sie sich nicht entschuldigen, sondern bei der Frau. Wenn sie das akzeptiert, soll es mir recht sein.“ Mit Engelszungen redete er auf sein „nächtliches Opfer“ ein, bis die Frau die Entschuldigung annahm.

Am Nachmittag kam die Gruppe. Obwohl ich unserem Fummler bereits die Lager gezeigt hatte, ging ich nach oben in den Schlafraum, um nach dem Rechten zu sehen. Ich traute meinen Augen nicht. „Die Frauen schlafen oben, die Männer unten“, gab der Quartiermeister Anweisungen. Auf die Proteste einiger Ehepaare, sie seien es gewöhnt, zusammen zu schlafen, entgegnete er: „Das geht auf einer Hütte nicht.“ Wenn er schon nicht in Versuchung kommen wollte, sollten andere auch kein Vergnügen haben. Der Vorfall in der Nacht zuvor war dem 50-jährigen offenbar eine Lehre. In dieser Nacht herrschte absolute Ruhe: Die Damen schliefen oben in den Lagern, die Männer sauber aufgereiht darunter.

Georg Kaufmann

Georg Kaufmann als Nachfolger von Luggi Lacher

Georg Kaufmann

Georg Kaufmann, am 4. Juli 1961 im Kleinwalsertal geboren, hat die Liebe zur Natur vom Vater geerbt, der Gemeindeförster in Mittelberg war. Die Mutter, die früher ein Hotel führte, beeinflusste ihn bei der Wahl des Berufes. Georg Kaufmann lernte Koch, war aber seit Jugendjahren auch als Ski- und Bergführer tätig.
Die Ehe mit seiner Frau Maria, die 1997 starb, führte ihn im Winter an den Arlberg, wo Maria im Hotel „Rote Wand" aufgewachsen war. Die beiden betrieben das Bergrestaurant „Palmenalpe" an der Gipfelstation der Zuger Bergbahn. Seit der Saison 1999/2000 ist Georg Kaufmann am Arlberg wieder hauptberuflich als Skilehrer tätig.
1991 ließ er sich von seinem Vorgänger Luggi Lacher dazu bewegen, die Fiderepaß-Hütte zu übernehmen. Das sommerliche „Standbein" in der Heimat ist die Bewirtschaftung dieser Hütte, die zehn Betten und 120 Lager hat und der Alpenvereinssektion Oberstdorf gehört. Am Wochenende und in den Schulferien hat Georg Kaufmann auch seine beiden Töchter Constanze und Angelika bei sich auf der Hütte.

Georg Kaufmann

Saukopf unter der Bettdecke

Walter, der Bergführer, hatte sich mit einer Gruppe aus dem Unterallgäu zur Übernachtung angemeldet. Es sollte für sie die erste Station der Allgäu-Durchquerung werden. Unten im Tal ließ er wie üblich die Rucksäcke in die Kiste der Materialbahn einladen. Über Funk gab er kurz Nachricht, man möge das Gepäck doch bitte zur Hütte befördern. Dann stieg er mit seinen Leuten unbeschwert bergan. Derweil kümmerten wir uns um die Rucksäcke. Dem von Walter widmeten wir uns mit besonderer Aufmerksamkeit.

Zufällig hatten wir kurz zuvor zwei unserer Sauen gemetzget, die als kleine Ferkel zu Saisonbeginn mit auf die Hütte gekommen waren und als „quiekende Komposter“ die essbaren Abfälle entsorgt hatten. Jetzt lieferten sie ein „saugutes“

Fleisch ab. Nur mit den Köpfen ließ sich in der Küche nichts rechtes anfangen. Da kam mir der Walter wie gerufen.

Als der Bergführer mit seiner Gruppe an der Hütte ankam, kümmerten sich seine Leute zuerst um das Gepäck. Nach einer kurzen Begrüßung nahm auch Walter seinen Rucksack in die Hand und wollte ihn in den Schlafraum bringen. Größe und Gewicht kamen ihm offenbar seltsam vor. Jedenfalls nahm er sich den Rucksack vor, öffnete ihn – und ein Saukopf schaute ihm entgegen.
„Ja, du Sauhund", schimpfte er in meine Richtung, obwohl ich ganz unschuldig zu schauen versuchte. Aber in dem allgemeinen Gelächter war das nicht einfach.

Bis zum Abendessen hatte Walter den kleinen Schabernack fast schon wieder vergessen. Doch der Schweinebraten gab noch einmal Anlass, über das entsetzte Gesicht des Bergführers zu lachen, als er am Nachmittag den Rucksack geöffnet hatte.

Nach einem gemütlichen Hüttenabend ging die ganze Gruppe ins Bett. Auch Walter wollte sein müdes Haupt zur Ruhe betten, aber dort lag schon wieder ein Saukopf. Die allgemeine Hüttenruhe musste um einige Minuten verschoben werden, bis Walter seine Schimpfkanonade beendet hatte.

Der eine oder andere mag dabei gedacht haben, dass wir dem armen Bergführer ganz schön übel mitspielen. Aber in diesem Fall war kein Mitleid angebracht. Walter ist einer von jenen Menschen, die es als ein Zeichen freundschaftlicher Verbundenheit empfinden, wenn sie geneckt und geplagt werden. Er wäre sogar beleidigt, wenn seine Kumpel ihm nicht hin und wieder einen Streich spielen würden.

Handschuhe zugenäht

Diesmal wollte ich mich als besonders guter Kumpel erweisen. Als Walter am nächsten Tag mit seiner Gruppe über den Mindelheimer Klettersteig ging, konnte man ihn bis zur Hütte fluchen hören, als er Handschuhe und Anorak anziehen wollte und dabei feststellte, dass alle Öffnungen stramm zugenäht waren.

Eine noch größere Marotte hatte Xari, der eines Tages vor der Türe stand und sich als neuer Hüttenhelfer vorstellte. Er hatte sich im Tal nicht mehr wohlgefühlt und wollte aussteigen. Mit Kissen und Decke im Rucksack kam er an und ließ wissen: „So, jetzt helf ich dir.“ Er suchte sich einen Schlafplatz und nistete sich auf Dauer ein.

Xaris Marotte, besser gesagt seine große Leidenschaft, war das Schnitzen von Miniaturbrunnen. Mit seinen kleinen Kunstwerken suchte er Frauen zu beeindrucken. In einer Bergsaison kommen viele Frauen zu uns auf die Hütte. Also hatte Xari viel Arbeit mit seinen Schnitzereien. Aus jedem Eck zauberte er ein Stück Holz hervor. Den Damen, die er des Geschenks für würdig befand, rückte er dann auf den Pelz. Im Laufe der Zeit wurde das Holz knapp auf der Hütte. In seiner Not begann Xari heimlich, Besenstiele zu kürzen, um weiterhin Mini-Brunnen schnitzen zu können.

Eines Tages hatten es ihm zwei schöne Frauen besonders angetan. Doch die beiden ließen sich nicht so recht beeindrucken. Jedenfalls brachen sie auf, ohne die Fertigstellung von Xaris Kunstwerken abzuwarten. Doch das entmutigte unseren Aussteiger wenig. Er zog sich Gummistiefel und seinen gelben Ostfriesen-Nerz an, nahm einen Besenstiel und stapfte den beiden Damen nach in Richtung Mindelheimer Hütte.

Die zwei Frauen legten einen Zahn zu, um den unliebsamen Verehrer abzuschütteln. Mit seinen Gummistiefeln hielt Xari nicht lange Schritt.
An einer Abzweigung hatte er die beiden wohl aus den Augen verloren. Prompt verirrte er sich und landete in der Birgsau, unten im Tal. Das

wusste ich allerdings nicht. Beim abendlichen Funkrundruf erfuhr ich von meinem Kollegen Jochen auf der Mindelheimer Hütte, dass Xari dort nicht angekommen war. Daraufhin startete eine Suchaktion, bei der auch ein Hubschrauber eingesetzt wurde. Zwei Tage lang war Xari verschwunden, bis er auf der Schlappold-Alpe auftauchte. Von dort brachte man ihn zurück. „Habt ihr mich vermisst?“, fragte er scheinheilig.

Geldregen

Für einen ähnlich großen Wirbel sorgte eines Tages meine kleine Tochter Constanze, die allein oben im Zimmer geschlafen hatte. Als sie plötzlich zur Toilette mußte, die draußen auf dem Gang liegt, fand sie die Zimmertüre versperrt.
In ihrer Not wollte sie auf sich aufmerksam machen. Dabei fiel ihr etwas in die Hände, was sicherlich die größtmögliche Aufmerksamkeit erregte. Constanze packte die gesamten Tageseinnahmen, die ich in dem Zimmer aufbewahrt hatte, und warf sie aus dem Fenster.
Die Scheine flatterten auf die Terrasse hinunter. Dort machten die Gäste angesichts des Geldregens große Augen und ich ein verdutztes Gesicht. Während ich Constanze zur Toilette brachte, hatten die Gäste das Geld eingesammelt. Es fehlte kein einziger Schein. Das hätte ein teurer Stuhlgang werden können.

Gerhard Böllmann

Gerhard Böllmann, geboren am 9. Dezember 1946 in München, wuchs in Waltenhofen (Oberallgäu) auf. Nach seiner Ausbildung arbeitete er hauptamtlich beim Deutschen Alpenverein (DAV) in München auf der Praterinsel. Bis 1978 kümmerte er sich für den DAV um die Jugendarbeit. Dann ging sein eigener Jugendtraum in Erfüllung: „Mandi", wie man ihn überall nennt, übernahm die Bewirtschaftung des Waltenberger-Hauses in 2084 Meter Höhe über Einödsbach bei Oberstdorf.

Die weit über 100 Jahre alte Hütte der Sektion Allgäu-Immenstadt hat noch immer ihren Charakter als Bergsteiger-Unterkunft erhalten. Vom Waltenberger-Haus ist über das Bockkar der Heilbronner Weg zu erreichen. Die Hütte ist außerdem Ausgangspunkt für Klettertouren, zum Beispiel zur Trettachspitze, dem „Matterhorn" des Allgäus.

Gerhard Böllmann, den alle nur „Mandi" nennen.

Waltenberger-Haus (2084 m)

Ihr 1875 errichtetes Schutzhaus unterhalb der Mädelegabel bei Oberstdorf widmete die Alpenvereins-Sektion Allgäu-Immenstadt ihrem Vorsitzenden, Anton Waltenberger, der als Vorstand des Vermessungsamtes in Immenstadt alpine Karten schuf und einen „Führer durch Allgäu, Westtirol und Vorarlberg“ verfasste.

Zehn Jahre nach der festlichen Einweihung zwang die Natur den Alpenverein zum Umzug. Die Hütte wurde 150 Meter talwärts verlegt.

Das Waltenberger-Haus hat sich bis heute die Urtümlichkeit einer Bergsteiger-Unterkunft erhalten. 70 Lager und zehn Betten lassen keinen Massenbetrieb zu. Außerdem ist das Waltenberger-Haus die einzige Schutzhütte im Allgäu, die nicht durch eine Materialbahn erschlossen ist. Die Versorgung erfolgt mit dem Hubschrauber.

Der Weg zur Hütte führt von Oberstdorf über Einödsbach durch das Bacherloch und das Wändele. Die Hütte ist Ausgangspunkt für zahlreiche Klettertouren, zum Beispiel die beliebte Überschreitung der Trettachspitze, die als Allgäuer Matterhorn gilt. Oberhalb der Hütte führt der Weg durch das bis in den Sommer hinein schneebedeckte Bockkar zur gleichnamigen Scharte, wo eigentlich der „Heilbronner Weg“ von der Rappensee-Hütte her endet.

Das Waltenberger-Haus

Gerhard Böllmann

Zaunlatten-Slalom

Von den sechs großen Schutzhütten des Deutschen Alpenvereins am Allgäuer Hauptkamm ist das Waltenberger-Haus, 2084 Meter über Einödsbach bei Oberstdorf, die einzige Hütte, die nicht über eine Materialbahn erschlossen ist. Das Gelände vom Bacherloch über das Wändele hinauf bis unterhalb der „Berge der guten Hoffnung“ ist für einen Seilbahnbau so schwierig, dass die Alpenvereinssektion Allgäu-Immenstadt bisher ein solches Projekt nicht finanzieren konnte. Als Hüttenwirt bin ich darüber nicht traurig. Das Waltenberger-Haus hat sich vielleicht gerade deshalb die Ursprünglichkeit früherer Bergsteigerhütten erhalten.

Von manchen Segnungen der Zivilisation sind wir jedenfalls dort droben verschont geblieben. Aber die gemütliche Atmosphäre einer Unterkunft wie anno dazumal muss teuer bezahlt werden. Die einmalige „Grundversorgung“ der Hütte mit einem Hubschrauber kostet fast 10000 Mark.

Einen ganzen Tag den Helikopter einzusetzen für die notwendigsten Transporte, bedeutet für den Hüttenwirt schon lange vor Saisonbeginn Generalstabsarbeit. Wenn „mein Freund, der Hubi“ kommt, werden nicht nur 150 Fässer Bier in Tragnetzen hängend zu dem wenige Quadratmeter großen Landeplatz vor der Hütte hochgeflogen. Von Eintopfdosen bis zum Klopapier muss am Flugtag der gesamte Vorrat für eine Bergsaison nach Einödsbach geliefert werden.

Die Freude darüber, dass an diesem einen Tag 20 Helfer gekommen sind, um mit Hand anzulegen beim Beladen der Tragnetze, nutzt wenig, wenn Nebel oder Regenwolken den Hubi am Boden fesseln. Beim nächsten Flugtermin sind die Waren unter der Plastikplane vielleicht noch trocken, aber höchstens noch zehn Helfer zur Stelle.

Jede Minute Flugzeit wird ausgenutzt. Oben an der Hütte sind an diesem Tag bereits die Hinterlassenschaften des vergangenen Jahres bereitgestellt. Nachdem der Helikopter die vollen Bierfässer abgeladen hat, nimmt er die leeren Tonnen vom Vorjahr mit ins Tal. Auf diese Weise findet auch der Müll den Weg des Vergänglichen.

Wie jede ordentliche Hausfrau auch, weiß der Hüttenwirt auf dem Waltenberger-Haus, dass sich frische Lebensmittel nicht von Anfang Juni bis zur Hochsaison im September halten, selbst wenn die Vorratskammer meistens kühl ist. Für ein paar Köpfe frischen Salat oder fünf Dutzend Schnitzel den Hubschrauber während des Bergsommers neuerlich anrücken zu lassen, käme den Wirt und die Gäste zu teuer. Frische Lebensmittel, vor allem das Brot, werden deshalb nach wie vor im Rucksack zur Hütte getragen.

Waschgang ins Tal

Ein Stück Fortschritt unseres Jahrhunderts allerdings vermisse ich auf der Hütte, den Strom. Jedenfalls so lange noch kein findiger Kopf eine Waschmaschine und andere wichtige Küchengeräte erfunden hat, die sich mit Gas oder dem spärlichen Solarstrom betreiben lassen. Mein „Waschgang“ dauert zwei Stunden – hinab ins Tal.

Einer meiner Vorgänger, der Schwarz Kaspar, hatte es relativ leicht, willige Träger zu finden. Er war Vater von drei hübschen Töchtern, die einen großen Teil des Sommers auf der Hütte

Das Waltenberger-Haus hat die Urtümlichkeit einer Bergsteiger-Unterkunft bewahrt. „Mandi" ist froh, von vielen Segnungen der Zivilisation verschont geblieben zu sein. Hier bewirtet er seine Helfer auf der rückwärtigen „Terrasse".

verbrachten und die kräftigen Burschen aus Oberstdorf geradezu magisch anzogen. Wer will es dem Wirt verdenken, dass er zum Beispiel den Transport des Brennmaterials zum Heizen der Stube auf die Schultern seiner Gäste verteilt. Das ist übrigens schon seit Menschengedenken so: Unten in Einödsbach steht neben dem Weg ein großer Holzstoß. Wanderer, die ein Scheit mit hochbringen, werden mit einem Begrüßungsschnaps entlohnt.

Holzscheit-Profis

Unter den Holzscheit-Trägern gibt es schon richtige Profis. Sie wissen, dass sich mancher Bergfreund bei allem Verständnis für den Hüttenwirt übernimmt, wenn er gleich zwei oder drei Prügel auf den Rucksack schnallt. Die Profis nehmen unten in Einödsbach deshalb überhaupt kein Scheit, sondern laden sich eins von denen auf, die überforderte Wanderer nach zwei Drittel des Weges fluchend auf die Seite geworfen haben. So tragen Kenner das Holz nur ein Drittel des Weges und kommen dennoch zu ihrem Schnaps.

Wenn das Knattern der Rotoren im Bacherloch verklingt, kehrt wieder Ruhe ein am Waltenberger-Haus. Zwar warten am Landeplatz noch Gasflaschen und Bierfässer, Krauteimer und Suppendosen darauf, die mühsamen Stiegen zur

Hütte hinaufgetragen zu werden. Aber plötzlich gehen die Uhren anders. Der Kreislauf gehorcht einem anderen Rhythmus. Jetzt wird zum Beispiel der Sonnenuntergang wichtig, der einen berauschenden Film liefert in „Super-Breitwand“ von ein paar Hundert Metern und alles in phantastischem „Natur-Color“.

Seit Jahren vergehen nach der Öffnung gerade mal zwei Wochen, bis die Hütte das erste Mal gerammelt voll ist. Beliebter Tradition zufolge wird am ersten Wochenende im Juli im Bockkar oberhalb des Waltenberger-Hauses ein Figele-Rennen ausgetragen.

Materialschlacht tobt

Die Sportart ist selten, aber einfach toll. Das liegt schon am Gerät, denn Figl bedeutet Firngleiter. Mit normalen Ski haben diese kurzen, früher aus Aluminium bestehenden Rutscher wenig zu tun. Neuerdings freilich tobt auch auf diesem Sektor die Materialschlacht, und einige Ehrgeizlinge treten bereits mit Renn-Figl an, ausgestattet mit Skibindung anstatt beschnürter Lederlaschen für die Bergschuhe.

Auch wenn der Ehrgeiz noch so groß ist – ganz ernsthaft geht es bei diesem Rennen nicht zu. Bevor nämlich am Abend zuvor in der Stube die

Startnummern verlost werden, sitzen die Kämpen mit den Matadorinnen am Tisch bei einem Fläschchen Roten. Bei der Startnummern-Verlosung kommt es dann nicht allein darauf an, wer den Reigen am nächsten Morgen eröffnet.

Jeder Teilnehmer hat zudem die Auswahl in einer großen Tombola, die an diesem Abend auf einem Tisch ausgebreitet ist. Den staunenden Augen präsentieren sich die Hinterlassenschaften von Bergfreunden früherer Jahre, die nie mehr nach ihrem alten Hut, nach der grünen Bundhose oder dem abgewetzten Pullover gefragt haben. Diese Accessoires komplettieren die Rennkleidung für den kommenden Tag.

„Bodennebel" vom Wein

Sieht die Ausrüstung beim Rennen schon recht eigenwillig aus, so machen die Augen mancher Starter keinen besseren Eindruck. Der Trollinger hat „Bodennebel" hinterlassen. Nur der Wirt kann sich keinen Kater leisten, denn die Zeitmessung erfolgt von Hand, und die muss deshalb ruhig sein. Zwischen alten Zaunlatten, Markierungspfählen und Wurzelstöcken führt der Slalomkurs über das Altschneefeld im Bockkar hinab bis unterhalb der Hütte – falls noch so viel Schnee liegt.

Nur sollte beileibe niemand denken, dass ein Rausch vom Vorabend reicht, um beschwingt durch die Tore zu kurven. Die Hüttenruhe gebietet dem durstigen Treiben ohnehin ziemlich bald Einhalt. Der langjährige Figl-Champion Harry aus Immenstadt erzählte mal während der Auswertung der Laufzeiten die Geschichte vom „Enzian-Rennen“ am Gschwender Horn, wo ganz andere Kaliber an den Start gingen, bis Alterseinsicht und Leberschäden dem Treiben ein Ende machten.

Mit 53 Enzian zum Rennen

Nach einer durchzechten Nacht kreisten vor dem Start nochmals die Gläser. Teilnehmen durfte jeder, der mehr als fünf Enzian trank. Ab dem sechsten gab es eine Zeitgutschrift von einer Sekunde. Alle Enzian mußten innerhalb einer Stunde getrunken werden. Start war erst nach einer Einwirkzeit von einer weiteren Stunde. Wer speien musste, wurde disqualifiziert. Der Sieger des Riesenslaloms, von dem Harry erzählte, hatte eine Laufzeit von minus elf Sekunden, weil er 42 Sekunden für den Lauf gebraucht, zuvor aber 53 Enzian getrunken hatte. Der zweite Sieger dieses berüchtigten Rennens, von dem Immenstädter noch viel mehr Einzelheiten wussten, hatte 49 Enzian. Aber er musste später mit einem Hornerschlitten ins Tal gefahren werden. Als Helfer fungierten dabei einige von den anderen Startern, die auch nicht weit weg waren von einer Alkoholvergiftung. Unterwegs soll es zu haarsträubenden Stürzen gekommen sein, bis der „Vizemeister" im Tal und schließlich im Krankenhaus war.

Auch nüchtern nicht standfest

So viel Standvermögen haben andere Bergfreunde nicht einmal nüchtern, wenn sie im Sommer den Weg hinauf finden ins Hochgebirge. Oberhalb der Waldgrenze birgt dieser Bereich der Allgäuer Alpen die gleichen alpinen Gefahren wie die Gipfelregionen in Österreich oder in der Schweiz. Selbst das Waltenberger-Haus liegt zwischen Juni und Oktober alle paar Wochen einmal unter einer frischen Neuschneedecke. Bei schlechtem Wetter verwischen sich draußen vor der Türe die Konturen. Wer bei solchen Verhältnissen unterwegs ist, verliert im diffusen Licht, in einer „Suppe" aus weiß und grau, leicht die Orientierung – ganz abgesehen davon, dass die Wege, wenn sie überhaupt erkennbar sind, glitschig und rutschig werden.

Aber auch Altschneefelder stellen den Bergwanderer im Hochgebirge vor Risiken, die oft unterschätzt werden. Nicht alle Ausrutscher enden so relativ glimpflich wie der eines älteren

Ehepaares, das Mitte Juli den Panoramaweg zur Trettachspitze begehen wollte. Dieser Pfad entlang eines steilen Grashanges war an mehreren Stellen von Altschnee bedeckt und selbst mit Eispickel nur mit äußerster Vorsicht zu genießen.

Weil der harte Schnee noch ungespurt war, wollte ich die beiden von diesem Ausflug abhalten. Aber das Paar ließ sich nicht beirren. Selbst als sie von der Hütte aufbrachen, rief ich ihnen noch nach:
„Es wär g'scheiter, nicht zu gehen."
„Wir schauen ja bloß mal", war die Antwort. Nach einer halben Stunde kam die Frau zur Hütte zurück. „Aha", dachte ich bei mir, „die sind doch vernünftig."
Die letzten Schritte zur Hütte wurden immer schneller. Die Frau zeigte zunehmend helle Aufregung: „So, Herr Wirt, jetzt brauch ich einen Schnaps. Jetzt haben wir den Salat."
„Wieso, was ist los?", wollte ich wissen.
„Mein Mann ist gerade auf einem Schneefeld abgestürzt. Ich habe ihn nicht mehr gesehen."

„Nichts passiert"

Noch ein wenig verblüfft über die Kaltschnäuzigkeit richtete ich meinen Rucksack, packte ein Seil ein und zog mir gerade die Bergschuhe an, als der Mann auf dem Weg scheinbar ganz munter ums Eck bog. Mit den Armen wild fuchtelnd schrie er schon von weitem: „Nichts passiert, nichts passiert."

„Im Krieg war's schlimmer"

Während ich meine Schuhe wieder auszog, kam der etwa 65jährige Urlauber näher. Ich traute meinen Augen nicht: Er war über und über mit Blut verschmiert. Das Gesicht konnte ich kaum noch erkennen. Seinen Rucksack hatte er verloren. „Nicht so schlimm", wiegelte er ab, „im Krieg haben wir ganz anders ausgesehen."
„Kannst du noch laufen oder soll ich einen Hubschrauber bestellen?"
„Es geht schon. Ich komme gut ohne Hubschrauber ins Tal."
Davon war ich allerdings überhaupt nicht überzeugt.
„Du solltest dich aber vorher mal im Spiegel anschauen", zog ich ihn in den Waschraum. Beim Anblick seines zerschundenen Gesichts wurden die nicht vom Blut verschmierten Stellen käseweiß. Der Blick in den Spiegel versetzte den Norddeutschen in einen noch größeren Schock, als er ihn vielleicht schon beim Absturz über das Schneefeld erlitten hatte. Plötzlich zitterten die Knie. Der Mann konnte schier nicht mehr stehen.

Eine halbe Stunde später atmete er erleichtert auf, als der Rettungshubschrauber „Christoph 17“ vor der Hütte landete und ihn dann ins Krankenhaus flog.

Längst nicht alle Unfälle enden so glimpflich. Selbst wenn niemand zu Schaden kommt, wenn sich ein Notfall als Fehlalarm herausstellt, bereiten solche Ereignisse einem Hüttenwirt und vor allem auch der Bergwacht viel Arbeit.

Turteltauben

Typisches Beispiel: Eine junge Dame verbrachte ein paar Ferientage mit ihren Eltern in Rubi. Ihr Freund war zwar mit dabei, aber unter den Argusaugen von Vater und Mutter fühlten sich beide nicht wohl. Einen Ausflug nach Oberstdorf nutzten die Turteltauben dazu, sich abzusetzen. In den Bergen wollten sie die Einsamkeit suchen, um sich der Zweisamkeit hinzugeben. Am Spätnachmittag trafen sie auf der Hütte ein und begehrten einen Schlafplatz. Eine Eintragung ins Hüttenbuch hielt das Pärchen wohl für Zeitverschwendung.

Es war längst schon Hüttenruhe, als mein Funkgerät quäkte. Polizei und Bergwacht waren auf der Suche nach zwei Vermissten. Es handele sich um ein Pärchen, das mit den Eltern um 18 Uhr an der Fellhornbahn verabredet war. Dort stand das Auto. Die beiden jungen Leute müssen verunglückt sein, meinten die besorgten Eltern, sonst hätten sie zumindest den Autoschlüssel abgeliefert. Die Beschreibung des Mädchens passte. Sie trug weiße Turnschuhe, und die waren mir am Nachmittag bei der jungen Dame schon aufgefallen.

Weil es so spät war, wollte ich nicht den ganzen Schlafsaal wecken. Über Funk bat ich die Polizei, die Eltern zu beruhigen: Beide sind wohlbehalten auf der Hütte. Bevor ich wieder zu Bett ging, nahm ich aus dem Schuhregal die weißen Turnschuhe und stellte sie in die Küche.

Aus allen Wolken gefallen

Während also das Pärchen friedlich schlummerte, mussten die Eltern von der Oberstdorfer Polizeistation aus zu Fuß nach Rubi laufen. Am nächsten Morgen beim Frühstück geschah das Erwartete: Das Mädchen schaute schüchtern zur Küchentüre herein und klagte, die Turnschuhe seien weg. Als ich den beiden dann erklärte, welche Konsequenzen ihr unvernünftiges, eigenmächtiges Handeln am Abend zuvor ausgelöst hatte, fielen sie aus allen Wolken: „An den Autoschlüssel haben wir überhaupt nicht mehr gedacht."

Maria Scheiber

Maria Scheiber erblickte am 11. August 1968 zwar in einem Innsbrucker Krankenhaus das Licht der Welt, ist aber in Nesselwängle zu Hause. Sie wuchs im Tannheimer Tal auf, ging dort zur Schule und wurde später Kindergärtnerin. Seit ihrem dritten Lebensjahr kennt sie die Tannheimer Hütte der Alpenvereinssektion Allgäu-Kempten, die 1713 Meter hoch über Nesselwängle und mitten im schönsten Klettergebiet der Tannheimer Berge liegt. Ihr Vater nämlich war ein guter Freund des damaligen Hüttenwirts, des legendären Fischer Franzl, von dem heute noch im Tannheimer Tal viele lustige Geschichten erzählt werden. Selbstredend verrichtete Maria auch ihre erste Ferienarbeit auf der Hütte. Im Alter von 16 Jahren durfte sie in Vertretung des damaligen Wirtes Martin einmal eine Woche allein die Wirtschaft „schmeißen“. Damals schon keimte in ihr der Wunsch, irgendwann einmal die Hütte zu übernehmen. Dies dauerte allerdings bis 1995, nachdem zuvor schon andere Frauen die Nachfolge des Fischer Franzl angetreten und der Hütte den Beinamen „Frauen-Wirtschaft“ eingetragen hatten. Ihre

Maria Scheiber

Hobbys passen zu ihrem neuen Job: Maria Scheiber geht liebend gern zum Klettern und auf Skitouren.

Maria Scheiber bei der Verleihung des Umweltgütesiegels durch den damaligen Minister Thomas Goppel.

Tannheimer Hütte (1713 m)

Für 500 Gulden erwarb die Kemptener Alpenvereins-Sektion 1892 die Tannheimer Hütte, die auf 1713 Meter Höhe im Tannheimer Tal unterhalb von Gimpel, Rote Flüh und Kellespitze liegt. 1923 wurde die Hütte ausgebaut. Für eine kleine Terrasse auf ihrem Grund wäre der Gemeinde Nesselwängle jährlich der Gegenwert von einem Pfund Butter zu zahlen. Aber die Österreicher haben bisher keine Mahnung nach Kempten geschickt.

Die Tannheimer Hütte ist Ausgangspunkt für die bekanntesten Kletterrouten in diesem Bereich. Sie verfügt seit vielen Jahren über einen Selbstversorgerraum, der vornehmlich der Jungmannschaft des Kemptener Alpenvereins als Ausbildungslager dient.

Die Hütte liegt unweit entfernt vom Gimpelhaus, über dessen Materialbahn auch die Versorgung erfolgt.

Die Tannheimer Hütte, die unter ihrer Bewirtschafterin Maria Scheiber mit dem Umweltgütesiegel ausgezeichnet wurde, war vor einigen Jahren Standort eines bislang einmaligen Modellversuchs. In dieser Höhenlage erprobte der Alpenverein eine Pflanzenkläranlage mit südamerikanischen Binsen. Der Versuch schlug fehl. Heute ist die Hütte an die Talkanalisation angeschlossen.

Die Tannheimer Hütte

Maria Scheiber

Ständchen vorm Schlafsaal

Schon meine erste Saison als Wirtin der Tannheimer Hütte stand unter einem guten Stern. Wem widerfährt schon die Ehre, dass der Bürgermeister mit ein paar Musikanten sozusagen als Einstand am Arbeitsplatz vorbeischaut und ein Ständchen spielt? Leider habe ich selbst davon nichts mitbekommen. Und das kam so:

An der benachbarten Bergwachthütte hatte der Pfarrer eine Bergmesse gelesen. Da die Leute schon mal heroben waren, gingen sie auch so schnell nicht wieder runter. Das anschließende Fest zog sich bis zum Abend hin. Ich selbst wollte meine Helfer nicht lange auf der Hütte allein lassen. Den Abschiedsgruß von Bürgermeister Johann Frischauf, er werde später noch bei uns vorbeischauen, hatte ich schon fast vergessen.

Es muss so gegen 5.30 Uhr gewesen sein, als sich eine angeheiterte Gruppe von Musikanten mit dem Bürgermeister in der Mitte vor dem Schlafraum aufstellte. Die Herrschaften erinnerten sich in ihrem Zustand offenbar nicht mehr daran, dass die Personalzimmer auf der anderen Seite der Hütte liegen. Sie stimmten kurz ihre Instrumente und spielten dann fröhlich drauflos. Im Schlafraum machte sich daraufhin großes Murren breit. Die Musik war anscheinend nicht so wohlklingend, als dass die Gäste dies als lieben Morgengruss verstanden hätten.

Währenddessen schlief ich auf der anderen Seite der Hütte noch seelenruhig, bis der Wecker klingelte. Beim Bürgermeister und seiner musikalischen Begleitung verflog die Enttäuschung über die vergebliche Liebesmühe, als sie nach einer langen Nacht zum Frühstück eine große Portion Krautspatzen vorgesetzt bekamen.

Diese zwei Dinge, Musik und netter Besuch, ziehen sich seitdem wie ein roter Faden durch mein Hüttenleben. Und davon möchte ich noch ein paar Geschichten erzählen.

Bei uns im Tannheimer Tal wird die Volksmusik noch gepflegt. Zu gern hätte ich gelernt, Zither zu spielen, aber leider habe ich das in jüngeren Jahren versäumt. Irgendwie war keine Zeit dafür.

Mit 23 Jahren habe ich mit dem Hackbrett angefangen. Das klingt ähnlich wie die Zither, ist aber einfacher zu spielen. Mit dem Hackbrett beginnt seither jeder Tag auf der Hütte. Anstatt morgens um Viertel nach sieben „aufstehen“ durch den Flur zu schreien, spiele ich ein Stückchen – was mir gerade einfällt.

„Zehmahocka“

Das Hackbrett hat inzwischen längst Gesellschaft bekommen. Zither, Ziehharmonika und Gitarre gehören zum Inventar. Manchmal schnappt sich irgend jemand ein Instrument, und dann dauert es nicht lange, bis auch auf den anderen gespielt wird. Was beim Jazz eine Session genannt wird, heißt dann bei uns im Dialekt einfach „zehmahocka und a Musik macha“.

Zünftig und gemütlich, wie es auf einer Hütte eben am schönsten ist, das verführt nicht nur zum Zusammenhocken, sondern auch oft zum Verhocken. Ein kurzes, aber folgenreiches Verhocken bescherte zwei Freunden einmal das Wundsein der Füße. Zu viert waren sie aufgebrochen, um am Gimpel zu klettern. Am Gimpelhaus hatte sich das Quartett getrennt, weil Franz, der Orthopäde, mir ein Paar bequeme Arbeitsschuhe vorbeibringen wollte, und Hubert, der Raumausstatter, einen Kostenvoranschlag für einen neuen Hüttenboden. Am Einstieg wollten sie sich wieder treffen.

Franz und Hubert kamen gerade recht zum Frühstück. Ein paar Wolken dienten rasch als Alibi, um es sich bei uns gemütlich zu machen. Nach einem „kleinen Frühschoppen“ verzogen sich aber auch die letzten Wolken, so dass die beiden doch aufbrachen zu ihrer Klettertour.

Ruchlose Diebe

Am frühen Nachmittag kamen die beiden anderen, die vom Gimpelhaus aus schon frühzeitig gestartet waren, zur Tannheimer Hütte. In den Händen hielten sie zwei Paar Bergschuhe: „Die hat anscheinend jemand unterwegs verloren“, behaupteten sie. So gut erhaltene Stiefel könne man sicher noch verkaufen. Als Ausstellungsstücke hängten sie die Schuhe an das große Edelweiß, das die Hüttenwand ziert.
Ein paar Stunden später kehrten Franz und Hubert zurück – barfuß. Sie hatten, wie es üblich ist, am Einstieg die Kletterschuhe angezogen und die schweren Stiefel zurückgelassen. Die beiden Freunde hatten sie nicht mehr getroffen, beim Abstieg allerdings auch die Stiefel nicht mehr gefunden. In den engen Kletterschuhen kann man kaum laufen, also kehrten sie barfuß

Einmal im Monat wird Volksmusik gespielt. Maria Scheiber greift dann gern zum Hackbrett

zurück – laut jammernd über die ruchlosen Diebe, die ihnen wunde Füße beschert hatten.

Voller Mitgefühl hörten sich Wolfi und Herbert die Geschichte an und gaben gute Ratschläge, wie man ohne Schuhe den Abstieg ins Tal schaffen könnte, ohne die Füße vollends zu martern. Für das Problem interessierte sich inzwischen auf der Terrasse eine große Runde, die sich das Lachen kaum verkneifen konnte, bis endlich der Blick der beiden fußwunden Verhocker auf das Edelweiß an der Hüttenwand fiel und auf die Schuhe, die dort hingen.

„Verhocker-Rekord“

Den „Verhocker-Rekord“ hat allerdings Josef aus Blaichach aufgestellt. Er war auf dem Heimweg von einem sechswöchigen Radurlaub in den Pyrenäen und wollte eigentlich „nur ganz kurz“ bei uns auf der Hütte vorbeischauen. Geblieben ist er dann 14 Tage.

An einem schönen Septemberabend saß ich mit meiner Schwester Barbara todmüde auf unserem Bänkle. Beide dachten wir an das Gleiche: Die Würstel waren ausverkauft, und einer von uns musste noch zum Gimpelhaus, um Nachschub zu holen. Wie wäre es schön, wenn jemand vorbeikäme mit einem Paket Würstel unter dem

Arm. Als wenn eine gute Fee den Wunsch erfüllt hätte, stand plötzlich der Josef vor uns. Er kannte den Hüttenbetrieb und hatte wie immer die bereits hergerichteten Sachen von der Materialseilbahn am Gimpelhaus mitgenommen – es waren die Würstel.

Geniale Zeit

Josef war nicht nur an diesem Abend eine große Hilfe. Er hackte Holz, schleppte Bierkisten vom Gimpelhaus herüber, reparierte die Wege und und und. Innerhalb kürzester Zeit war er schier unentbehrlich. Es war eine geniale Zeit. Zwischendurch wurden die Gäste „angeschmäht", wie man in Österreich sagt. Alle haben uns geglaubt, dass Josef als neuer Hüttenwirt zu unserem „Damen-Duo" gehört. Und das war beileibe nicht der einzige „Schmäh".

Eines Tages wollte Josef einfach mal seine Ruhe haben. Er schnappte sich die Hängematte, die sonst in der Hütte hängt, und stieg auf den Gimpel. Dort befestigte er sie an den Ketten, die das Gipfelkreuz halten, legte sich hinein und las ein Buch von Anderl Heckmair.

Es muss wohl etwas seltsam ausgesehen haben. Jedenfalls waren zwei Wanderer, die vom benachbarten Gipfel der Roten Flüh aus den

Josef in seiner Hängematte am Gimpel liegen gesehen hatten, so entsetzt, dass sie drunten im Tal meinem Vater berichteten: Die Leute seien inzwischen so verrückt, dass man sich kaum noch ins Gebirge trauen könne. Da habe doch glatt jemand in einer Hängematte am Gipfelkreuz des Gimpel geschlafen. Mein Vater blieb ganz gelassen: „Des ko bloß dr Josef gwesa sei!“

Vorliebe für seltsame Gäste

In diesen Tagen hatten wir noch einen anderen „seltsamen“ Gast. Jeden Morgen um halb sechs stolzierte ein kapitaler Hirsch mit seinem gewaltigen Geweih vorne an der Hütte vorbei. Kaum hatten wir ihn das erste Mal entdeckt, hieß er auch schon Hugo. Mein Vater hat eine Vorliebe für „seltsame“ Gäste. Er wollte Hugo unbedingt sehen und kam eigens dafür zur Hütte rauf.

In dem Schlafsaal mit dem Fenster nach vorne mussten wir die Gäste ausquartieren, weil Vater Ruhe haben wollte beim Beobachten des Hirsches. Nur bei Josef machte er eine Ausnahme. Prompt stolzierte Hugo am nächsten Morgen wieder pünktlich um halb sechs am Fenster vorbei und hielt an dieser Gewohnheit bis zum Ende der Brunftzeit fest. Es ist schön, solche Gäste zu haben – den Bürgermeister, den Josef und den Hugo.

Als das Buch „Allgäuer Hüttenwirte erzählen“ im Mai 1990 erstmals erschien, waren viele der Anekdoten und Geschichten noch frisch und aktuell. Inzwischen gehört die eine oder andere Episode zwar zu den „alten Geschichten“, aber ihren Witz und ihren Charme haben sie deshalb nicht verloren. Im Gegenteil. Diese Neuauflage wird ergänzt durch Erzählungen von Wirten, die erst in den letzten Jahren zum Kreis der alpinen „Tausendsassas“ dazugestoßen sind. Mir persönlich war es eine Freude, bei den Aufzeichnungen für dieses Buch festzustellen, dass die zünftige Geselligkeit auf den Berghütten immer noch in Ehren gehalten wird.

Klaus Schlösser

Im *sl-Verlag* außerdem erhältlich:

Klaus Schlösser

Allgäuer Hüttenführer

Infos, Wegskizzen und Panoramakarten von 37 Berghütten zwischen Füssen und Kleinwalsertal. Touren zwischen Lechtal und Oberstaufen. Beschreibung von Heilbronner Weg, Mindelheimer und Hindelanger Klettersteig. Hinweise auf Parkplätze und Busverbindungen.

Erweiterte Neuauflage 1999

ISBN 3-9806935-0-3

Klaus Schlösser, Herbert Vogler

Service-Mann

Das erste deutschsprachige Standardwerk über Präparierung und Tuning von Alpinski, Langlaufski und Snowboard. Arbeitsanleitung für Hobbykeller und Profiwerkstatt. 260 Seiten mit 300 Farbfotos und Grafiken. In praktischer Ringbuchbindung zur Vorlage an der Werkbank. Mit Beiträgen von Skistars und Trainern sowie mit Unterstützung führender Herstellerfirmen.

Erstauflage 1998

ISBN 3-9806307-0-6

Klaus Schlösser

Allgäuer Gipfelbuch

Anekdoten und Geschichten, die sich um die Berggipfel im Allgäu und im Tannheimer Tal ranken. Deutung der Bergnamen und einen Streifzug durch die alpine Geschichte.

Erstauflage 1999

ISBN 3-9806935-1-1